Never Again
20. Würth-Literaturpreis

Never Again

20. Würth-Literaturpreis

Mit einem Vorwort
von Kiran Nagarkar

Herausgegeben von
Dorothee Kimmich und Philipp Ostrowicz
unter Mitarbeit von Anja Michalski

Swiridoff Verlag

Die Tübinger Poetik-Dozentur und
der Würth-Literaturpreis sind Projekte
der Adolf Würth GmbH & Co. KG.

Erste Auflage 2009

© Swiridoff Verlag, Künzelsau
© der einzelnen Texte bei den Autoren
© für die deutsche Übersetzung des Vorwortes von Kiran Nagarkar: Marianne Wagner, Berlin

Gestaltung und Satz: Maik Bozza, Stuttgart
Umschlaggestaltung: Kevin Wells, Karlsruhe

ISBN: 978-3-89929-168-1

Inhaltsverzeichnis

Kiran Nagarkar:
Vorwort 7

Monika Radl:
Nie wieder, Herr von Elo 13

Hanna-Linn Hava:
Sein Name war Jonas 19

Wiebke Eymess:
Erbgut 27

Marianne Glaßer:
Never Again 35

Tina Klopp:
Beobachtungen des Waldes 47

Roland Koch:
Nie wieder 55

Bernd Hans Martens:
Erster Hauptsatz der Liebe 61

Aiko Onken:
Ich glaube, nach Amerika 67

Arne Rautenberg:
Reanimieren eines Sprengmeisters 75

Ursula T. Rossel Escalante Sánchez:
Der Hexer von Boltingen 93

Steffen Roye:
Die letzte Runde geht aufs Haus 99

Stefanie Schütz:
Tisch und Bett 105

Robin Thiesmeyer:
OHNE TITEL 111

Dorle Trachternach:
SCHWARZE HEIDE 119

NEVER AGAIN. Ein Nachwort 123

Biographien 127

Kiran Nagarkar
VORWORT

Während der Poetikdozentur 2008 an der Universität Tübingen war ich gebeten worden, im Anschluss an meine letzte Vorlesung ein Thema für den Würth-Literaturpreis vorzustellen. Kurz zuvor hatte ich Mahmood Mamdanis *Good Muslim, Bad Muslim* gelesen: Der Gedanke des in dem Buch namentlich nicht genannten israelischen Rektors der Central European University in Budapest (wie ich später erfuhr, ist es Yehuda Elkana) blieb in meiner Erinnerung haften: »Nie wieder, ja sicher. Doch für wen eigentlich?«, hatte er gefragt. Ich glaubte sogar, dass die Zukunft der Menschheit davon abhängen würde, wie wir und die Generationen nach uns diese Worte interpretieren. ›Nie wieder‹ nur für das eigene Volk oder die gesamte Menschheit? Das war's. Ich war davon überzeugt, ein Thema für den Literaturwettbewerb gefunden zu haben, das hochrelevant und dabei gänzlich unstrittig sein würde.

Es ist symptomatisch für unsere intolerante, fundamentalistische Zeit, dass wir es uns jetzt herausnehmen, aber auch jede Anschuldigung gegen jeden zu erheben und uns nicht einmal mehr aufgerufen fühlen, sie zu begründen. Ohne Furcht jemanden zu verleumden oder jemandes Ruf zu schädigen, verbreiten Rush Limbaugh oder Fox News unverfroren die ungeheuerlichsten Lügen und ehrenrührige Falschmeldungen. Indessen werden Andersdenkende – wie wir in letzter Zeit auch nach den Wahlen in Iran bezeugen konnten – nicht nur marginalisiert, sondern bisweilen bitter verfolgt. In unzähligen anderen Ländern, die als Demokratien gelten, verhält es sich nicht anders. Die Vorstellung, dass das Wesen einer lebendigen Demokratie darin besteht, ge-

gensätzliche Meinungen in sich zu vereinen, ist nicht nur faktisch ernsthaften Bedrohungen ausgesetzt, sondern scheint mit Argwohn betrachtet zu werden und als gefährlich zu gelten. Die Rechnung ist einfach: Wenn man das eigene Land, sein Volk oder die Religion kritisiert, gilt man gleich als Verräter. Da mich die um sich greifende, institutionalisierte Korruption in meinem Land und das Schicksal meiner unglückseligen, von Terror heimgesuchten, leidgeprüften Heimatstadt Bombay keineswegs kalt lässt und ich schamlos genug bin, meine Sorge öffentlich im In- und Ausland vorzubringen, qualifiziert mich das gewiss zu einem Judas unserer Tage.

Dass sich die Wendung ›Ihr seid entweder für uns oder gegen uns‹ stark verbreitete, dazu hat George W. Bush verstärkt beigetragen, doch existiert diese Vorstellung wohl bereits seit Stammeszeiten. Unsere Vorfahren hatten eines der raffiniertesten Prinzipien der Gruppendynamik begriffen: Man führe eine Reihe von Initiationsriten und Zeremonien ein, formuliere strenge Regeln sowie die Bedingungen, unter denen jemand bei Regelverstößen aus der Gemeinschaft ausgeschlossen wird, damit die Mitglieder der Gemeinschaft glauben, sie gehörten einem Zirkel Auserwählter an. Alle Religionen stützen sich auf das Konzept vom auserwählten Volk als einem exklusiven Klub mit speziellen Geboten und Privilegien. Der Himmel ist allein denjenigen vorbehalten, die Regeln befolgt und ihre Verpflichtungen erfüllt haben. Hoffentlich gibt es da oben auch unterschiedliche Plots für unterschiedliche Religionen. Andernfalls wird es im Paradies ernst zu nehmende Schwierigkeiten geben, da Christen, Juden, Muslime und Hindus sowie andere Konfessionen jeweils behaupten, dass ihr Himmel das einzig wahrhaftige Paradies ist. Was die Atheisten und Agnostiker angeht, so werden sie sowieso in die Hölle gesteckt, egal ob sie nun an einen Himmel glauben oder nicht.

Der wichtigste Bezugspunkt der Redewendung ›Nie wieder‹ ist der Holocaust. Ein mickriger Gefreiter avancierte zum Führer seines Landes, verkündete so etwas Monströses wie »die Endlösung«. Aber es gibt in der Geschichte der meisten Völker der Welt einen Zeitpunkt, an dem sie befinden, dass das Maß nun voll ist. Für die Juden war dieser Zeitpunkt gekommen. Jahrhundertelang waren sie verfolgt worden. ›Nie wieder‹ fasst nicht nur die an oberster Stelle stehende Überlebensstrategie in Worte, sondern drückt auch ihren neu gewonnenen Stolz und das Unabhängigkeitsstreben aus sowie die Tatsache, dass sie keiner Macht auf Erden jemals wieder erlauben würden, sie in irgendeiner Weise zu schmähen oder schlecht zu behandeln.

Apartheid im Tode
Die Tragödie einer Massenvernichtung ist keine arithmetische Angelegenheit, sondern liegt im Leid und im Verlust jedes einzelnen Lebens. Sie liegt darin, dass Menschen abscheuerregend unmenschlich sein können, dass sie einander mitunter auf grausamste, barbarische Weise behandeln, dass sie sich ohne die geringste vorausgegangene Provokation vorsätzlich und bewusst anschicken, Angehörige ihrer eigenen Spezies zu vernichten. Nur wenig kann die Menschen enger aneinander binden und einander näher bringen als gemeinsam durchgestandene Katastrophen. Und doch scheint es, dass die Überlebenden beim Errichten von Holocaust-Mahnmälern eine Art Klassen- und Kastensystem eingeführt und eine voll funktionsfähige Apartheid zwischen den Millionen getöteter Juden und den anderen Ermordeten etabliert haben.

Aus den edlen und bewegenden Worten, die John Dunne vor nahezu vier Jahrhunderten verfasste, haben wir beileibe nichts gelernt: »Niemand ist eine Insel, in sich selbst vollständig; jeder Mensch ist ein Stück des Kontinentes, ein Teil des Festlands.

Wenn ein Lehmkloß in das Meer fortgespült wird, so ist Europa weniger, gerade so als ob es ein Vorgebirge wäre, als ob es das Landgut deines Freundes wäre oder dein eigenes. Jedes Menschen Tod ist mein Verlust, denn mich betrifft die Menschheit; und darum verlange nie zu wissen, wem die Stunde schlägt; es gilt dir selbst.«

I – Me – Mine – Ich, mich, mein
Die führenden Regierungschefs der Welt, die Politiker, Wirtschaftswissenschaftler und andere Denker reden unaufhörlich über die Bedeutung der Globalisierung, während das Verhalten der Menschen im Grunde noch vom Instinkt und Sittenkodex einer Stammeskultur bestimmt wird. Im Innersten ist unser heutiges Weltbild immer noch ›Wir gegen den Rest der Welt‹. Was die Inder betrifft, so kommt es einem manchmal vor, als beginne und ende die Welt für sie in Pakistan. Wir geben das letzte Körnchen Moral preis, nur um an Kaschmir festzuhalten, ganz gleich, wie viele Menschenleben es kostet. Und dies nicht etwa, weil uns das Schicksal der Kaschmiris am Herzen läge, sondern aus irgendeinem primitiven Stolz und Ehrgefühl heraus. Dabei machen sich die Kaschmiris auch über Pakistan keinerlei Illusionen. Denn wie könnten sie vergessen, dass das heute als Pakistan bekannte Land es doch tatsächlich fertigbrachte, seine andere Hälfte so gegen sich aufzubringen, dass es zu einem Bürgerkrieg kam, der wiederum zur Gründung eines separaten neuen Staates, des heutigen Bangladesch führte? Pakistans stärkste Waffe gegen die katastrophale Wirtschaftslage und internen Probleme wie die Talibanisierung während der letzten Jahrzehnte war das Anzetteln von Unruhen in Kaschmir und die Anstiftung zu Terroranschlägen in Indien.

Wenn man die weltpolitischen Gegebenheiten und Konflikte betrachtet, so scheint es, als ob die meisten Staaten nur nach der Maxime: Was ist für mich drin? arbeiten. – Ohne Rücksicht darauf, wie sich das auf die Nachbarn und den Rest der Welt auswirkt. Dabei kommt einem immer wieder der Beatles-Song ›I Me Mine‹ in den Sinn. Denn Tatsache ist, dass es in unseren politischen Verhandlungen, insbesondere bei Territorialstreitigkeiten kein Geben gibt, sondern nur Nehmen, Nehmen, Nehmen. Selbst eingefleischte Optimisten haben ihre Schwierigkeiten damit, sich eine achtbare und gerechte Lösung für den indo-pakistanischen, den israelisch-palästinensischen oder einen der anderen größeren Konflikte vorzustellen, die zu Beginn dieses neuen Jahrtausends schwelen.

Kein Jahrhundert im Laufe der Geschichte hat seine Jugend so betrogen wie das zwanzigste. ›Nie wieder‹ ist zu einer beliebten Phrase verkommen. Sie wird aufgerufen, um Ungerechtigkeiten anzuprangern. Allseits wird beschworen, dass wir nie wieder ein Ruanda oder ein Kroatien zulassen werden. Und doch verfolgt und foltert man das eigene Volk in Zimbabwe, Myanmar und Gott allein weiß in wie vielen anderen Ländern noch. Hungersnöte, Dürreperioden und Überschwemmungen können wir zwar nicht verhindern, aber wir machen leere Versprechungen, es nicht mehr zuzulassen, dass die Opfer dieser gewaltigen Naturkatastrophen Hunger und akute Not leiden. Aber die Armen sterben weiter, während wir uns – seien wir doch mal ehrlich – damit trösten, dass wir nun mal nur so viel tun können, um dann die Hände einfach in den Schoß zu legen. Und alles, was nie wieder geschehen sollte, passiert aufs Neue, weil unsere Versprechen und unsere Worte ihre Bedeutung verloren haben.

Wir hinterlassen unseren Kindern größtenteils ein schändliches Vermächtnis. Das Überleben der Erde hängt an einem seidenen Faden. Regionale Konflikte haben sich nach Beendigung des Kalten Krieges so verschärft, dass die ganze Welt am Rande eines großen Flächenbrandes steht. Es scheint uns unmöglich zu sein, miteinander zu sprechen und unsere Probleme gemeinsam zu lösen. Wenn wir Missstände beheben oder uns gegen uns widerfahrene Ungerechtigkeiten wehren möchten, gehen wir in der Mehrzahl der Fälle davon aus, dass das einzig mögliche Mittel des Dialogs und zur Verständigung Gewalt ist. Unser größtes Geschenk an künftige Generationen sind Terrorangriffe, Selbstmordattentate und ein Klima äußerster Unsicherheit.

›Nie wieder‹ war nach dem Trauma des Holocaust die einzig mögliche Antwort. Beinahe fünfundsechzig Jahre danach ist es jedoch höchste Zeit, die Bedeutung dieser Worte und ihren Gültigkeitsbereich erneut unter die Lupe zu nehmen. Yehuda Elkana hat womöglich erkannt, was die Menschheit und unser aller Heimat Erde noch einmal retten könnte. ›Nie wieder‹ für wen eigentlich? Nur unser eigenes Volk? Oder alle Menschen?

Unsere Hoffnung liegt einzig darin, uns weg von einer egozentrischen Cliquenmentaliät und hin zu einer allumfassenden Einschließlichkeit zu bewegen. Vielleicht können wir endlich zu der Erkenntnis kommen, dass wir in einem Boot sitzen und gar keine andere Möglichkeit haben, als uns die Hände zu reichen und endlich nach dieser Erkenntnis handeln. Dieses ›Nie wieder‹ macht nur Sinn, wenn es für alle Menschen in der Welt gilt, nicht nur für uns selbst.

Und, wie stehen Sie dazu?

Monika Radl
NIE WIEDER, HERR VON ELO

1.
Wie laut die Ampeln ticken. Es müsste jetzt zwei Uhr morgens sein, wir stehen auf einer kleinen Wiese zwischen den Straßenkreuzungen. Zum Hotelzimmer, das du gebucht hast, Herr von Elo, sind es noch dreihundert Schritte. Du hältst meine Hand, neben uns hocken Kaninchen im Gras, sie mümmeln in Frieden. Die Ampeln sind längst ausgeschaltet und ticken ein wenig versetzt zueinander. Sonst ist alles still, die Stadt ist mittelgroß und das Viertel integer. Du schlägst mir deinen Arm um die Taille und tastest mich ab, trotz Mantel und Pullover spüre ich deine Hand deutlich an meinem Hüftknochen, an meinen Rippen. Zum wievielten Mal, Herr von Elo, blickst du mir in die Augen und rückst dein Gesicht millimeterweise näher an meines, bis du mich wieder küsst, vorsichtig mit deiner Zunge durch meine Mundhöhle wanderst. Du stöhnst leise auf dabei, weil dir das Küssen gefällt. Ich tue es dir gleich. Eine Träne hängt an meinen Wimpern und will nicht fallen. Du bist einer der Aufmerksameren, Herr von Elo, ziehst deine Lippen ab, streichst mir eine Haarsträhne aus dem Gesicht und fragst: »Ist alles in Ordnung?« So weich und brüchig klang deine Stimme den ganzen Abend lang nicht, und natürlich nicke ich. Zwischen Kaninchen und Ampelkreuzungen ist alles ein wenig surreal, also in Ordnung, das andere gehört jetzt nicht hierher, darum küsse ich dich noch eine Spur heftiger und drücke meinen Unterleib gegen deinen, bis du es nicht mehr erträgst. »Kommst du noch mit?« Immer noch klingt deine Stimme empfindlich, Herr von Elo, schnell küsse ich dir Hals und Ohren und Haare und denke: Nein. Ich komme nicht

mit. Nein, ich werde an der Bushaltestelle auf die Nachtlinie warten und dich mit einem letzten Händedruck allein auf dein Zimmer mit dem flimmernden Kaminfeuer schicken, weil es Dinge gibt, die ich nie wieder tun darf, Herr von Elo, das musst du verstehen.

2.
Es ist wegen der Traurigkeit, die sich natürlich nie aufhalten ließ. (Selbst als ich mir einredete, doch längst nichts mehr erwartet zu haben.) Wie gemütlich ich es mir hinterher stets allein in meiner Wohnung gemacht habe, nur um mich nicht nach einem Menschen zu sehnen, der die Konsequenzen abfangen würde, mich unterhalten, unterstützen, beruhigen würde. Immer wieder die Amaryllis neu umgetopft und die Wochenzeitung vom Stapel im Treppenhaus mitgenommen und durchgeblättert.

Die heimlichen Bahnfahrten und Autotouren mit den Männern, die mich kurzzeitig brauchten. Scotland-Yard-Spiele in die letzten kleinen Flecken Wildnis, dorthin, wo unter Garantie keine Ehefrauen hinter den Birken lauern würden. Die Erzählungen über unverrichtete Arbeitsaufträge und – schließlich doch, natürlich – jene eifersüchtigen Ehefrauen. Meine Fluchten in den Konjunktiv, mein Zähneklappern, selbst im Sommer. Die Exempel, die an mir statuiert wurden: »Ich führe mein eigenes Leben, ich bin mein eigener Herr, ich muss nicht alles mit meiner Partnerin teilen, ich habe schon viel zu viele Zugeständnisse gemacht, auf Kosten der Freiheit, versteht sich, das schlägt mit der Zeit auf den Magen und mindert die Leistungsfähigkeit.« Die Schleichwege, oft zu steinig oder zu rutschig für meine Absatzschuhe, doch ich durfte mich immer einhaken und festhalten. Später, in den Kneipen, durfte ich mir teure Cocktails bestellen, die ich nicht bezahlen musste, ich durfte beliebig viele Zigaretten aus fremden Schachteln nehmen. Ich sollte nur immer viel lachen.

Gut riechen, die Locken offen tragen und einen glücklichen Anschein machen. Wer will das nicht, noch mal und noch mal. Sich auskleiden, schwarze Wäsche ist kein Zufall, sich liebkosen, bewundern lassen. Das Weitere lief immer einfach so. Einfach so ein Knie zwischen meinen Beinen, drei Finger, ein Mund. Einfach so drei Finger auf meinem Mund, wenn ich viel zu spät eine wichtige Frage stellen wollte, einfach so in mich eingedrungen. Die verschiedenen Perspektiven, aus denen mein Körper betrachtet wurde, die kleinen und die großen Überraschungen, das Übermaß an Fantasie und Vertrautheit, das ich immer geben konnte und nehmen wollte. Eine Nacht lang glauben.

Die Leuchtstoffröhren im Badezimmer, die sich am Morgen danach in verquollenen Augen spiegelten, die Zahnbürste und das Deodorant in der Handtasche, die guten Wünsche: »Hab ein erfülltes Leben. Finde wieder Freude an deiner Arbeit. Bewahre dir deine Autonomie. Und klaube dir die langen Haare vom Sakko, damit du zu Hause keinen Ärger bekommst.« Der letzte Händedruck, weil die Küsse schon abgearbeitet waren, in der Tiefgarage oder an einer Bushaltestelle, der sich mir immer einprägte, weil er brannte. Ich hasse das Wort, und ich hasse die Geste, was hilft es, der letzte Händedruck brannte.

In möglichst kurzer Zeit habe ich mich danach immer wieder ferngesteuert. Habe, was mich berührte, klein geredet, das leichtfertige »Nie wieder werde ich mich einer Frau so nahe fühlen« aus meinen Ohren verbannt und vergessen. »Nie wieder werde ich mich einer Frau so nahe fühlen« bedeutete jedes Mal: »Mach es nicht komplizierter als es ist«. Bitte.

Die Liebeserklärungen an meine eigene Wohnung, wenn ich mich die folgenden Tage darin versteckte. Die Wäschetrommeln voll mit verrauchten, verschwitzten Klamotten, die Leibspeisen, die ich mir gekocht, die vielen amerikanischen Krimis, die ich gelesen habe. Und die Traurigkeit, die sich dennoch nie bestechen ließ, weil sie ein Meister im Scotland-Yard-Spiel ist, die immer schon da war und sagte: »Ich bin mitgereist.« Die ausgefüllten Lottoscheine. Die Sehnsucht. Das schutzlose, ungewisse Warten darauf, dass die Tage vergingen, und diese Übelkeit, die sich manchmal zwei Wochen später einstellte.

3.

Zirnstein, sechs Jahre alt, Daskalakis viereinhalb Jahre alt, Emmig, ein Mädchen, drei Jahre alt, Stieglitz, keine zehn Monate alt. Alle Frauen geben ihren Kindern Namen. Keine Frau gibt ihrem Kind eine Nummer. Ich wählte Namen, die sie später auf keinen Fall tragen würden, ich benannte die Kinder nach ihren Vätern. Es waren außergewöhnliche Umstände, doch ich musste keines der Vier in einer Mülltonne oder in einem fremden Hausflur deponieren, es gab die Klappe für Notfälle. So wurde keines der Vier im Stich gelassen, es gibt einfach Menschen, die können sich und andere besser beschützen als ich. Trotzdem versprach ich jedes Mal meinen Kindern, sie zurückzuholen. Wenn ich im Lotto gewänne oder wenn sich einer der Nachnamen doch noch einmal melden würde. Wahrscheinlich würde ich inzwischen keines meiner Kinder wieder erkennen. Ich stelle sie mir in bunten Frotteeunterhosen, im Anorak oder im Schlafanzug vor. Zirnstein, der die erste Schulklasse überspringen darf, weil er so klug ist. Daskalakis, der Zappelphilipp. Emmig, die den ganzen Tag plappert und Lieder, die sie im Radio hört, sofort mitsingen kann. Stieglitz, der Babyspeck und große Angst vor Fremden hat. Sie sind in guten Händen, sie können charakterfest und wohltätig werden. Ich bin mir ganz sicher, die Kinder geraten nicht nach mir.

Ich habe dünne Beine. Zwei Paar verschlissene Röhrenjeans, die ich abwechselnd trage. Lange blonde Locken und einen Schuhkarton voll mit kostenlosen Parfümproben. Wenn ich meine Wohnung verlassen muss, weil mir die Decke Brocken für Brocken auf den Kopf fällt, weil ich Angst habe, alt und verstört zu werden, spaziere ich ziellos durch die mittelgroße Stadt. Manchmal bleibe ich kurz vor einem Kindergartenzaun oder an einem Spielplatz stehen, aber ich warte dort nicht und starre. Ich stehe nur kurz am Rand, überlege, wie spät es wohl sein mag, dann laufe ich weiter die Straßen entlang. Meistens dauert es dann nicht lange, bis ich wieder von einem Mann angesprochen werde, der mich zum Tee einladen und aufmuntern will.

So fing es jedes Mal an. Und jedes Mal, wenn eine neue Bekanntschaft die erste Getränkerechnung bezahlte, wusste ich, was ich unbedingt vermeiden wollte. Was nie wieder geschehen durfte, ich schwor es mir.

4.

Die Ampeln ticken ihr Leben lang durch. Es war ein sorgloser Abend, Herr von Elo. Wir haben uns an einer Tankstelle getroffen und dort den ersten Kaffee getrunken. Wir schlenderten lange Zeit durch diese mittelgroße Stadt und ich freute mich, wenn du mich hin und wieder auf Unterschiede im Baustil aufmerksam machtest. Als ich Hunger bekam und mir Fish and Chips wünschte, schütteltest du lachend den Kopf und wähltest stattdessen ein kleines Restaurant, in dem du Lachs mit Bandnudeln und Limetten für mich, dir selbst einen Whiskey bestelltest. Ich habe deine Anwesenheit zu sehr genossen, Herr von Elo, ich habe laut gelacht, weil du das wirklich gut kannst – aus einer traurigen Frau einen Quatschkopf machen. Ich hätte mich gerne mit dir bis in den späten Vormittag hinein betrunken. Ich hätte gerne weiter mit dir vor dem Zigarettenautomaten geknutscht, als wären wir Teenager. Ich wäre auch gerne mit dir ins Kino gegangen, selbst in einen rumänischen Film, Herr von Elo, du hast von so schönen Sachen erzählt, und mit dir zusammen würde mir niemals langweilig oder eng ums Herz werden. Und hättest du eben nicht auf die Kaninchen im Gras, gleich neben uns, hingewiesen, ich hätte sie gar nicht bemerkt. Du siehst alles, Herr von Elo, du bist überaus aufmerksam. Küss mich weiter, halt mich fester, zeig mir, dass du bemerkt hast, wie viel ich dir nicht erzählen konnte, und dass du trotzdem gerne in meiner Nähe bist. Und frag bitte nicht.

»Kommst du noch mit?« Liebevoll klingt deine Stimme, Herr von Elo, während die Nacht weiter tickt, weich und brüchig, schnell küsse ich dir Hals und Ohren und Haare und denke: Nein, ich werde an der Bushaltestelle auf die Nachtlinie warten und dich mit einem letzten Händedruck allein auf dein Zimmer mit dem flimmernden Kaminfeuer schicken, weil es Dinge gibt, die ich nie wieder tun darf, Herr von Elo, das musst du verstehen.

Du lässt die Hand an meiner Taille und ziehst mich sacht mit dir, ich schweige, wir verlassen die Kaninchen, gehen einfach so an der Bushaltestelle vorbei. Die Träne, die in meinen Wimpern hängt, verselbständigt sich, rinnt mir endlich über die Wange. Du freust dich so ehrlich, Herr von Elo, und gehst so behutsam mit mir um. Du schmuggelst mich nicht am Hotelportier vorbei, du behältst mich im Arm, als du ihm deine Zimmernummer nennst, und er reicht dir die Karte ohne zu grinsen. Die Spiegel im Aufzug sind unbarmherzig, ich wende mein Gesicht von dir ab. Im Hotelzimmer schaltet sich der Fernseher automatisch an, als du die Türe öffnest. Das Kaminfeuer flackert am Bildschirm, mehr Licht ist nicht nötig. Ich kleide mich aus und lege mich in schwarzer Wäsche zu dir auf das Bett. Herr von Elo, gib du mir noch eine Chance.

Hanna-Linn Hava
Sein Name war Jonas

Sein Name war Jonas, und er hatte diese Art, einen so scheel von der Seite anzuglotzen mit diesen glänzenden pupillenlosen Scheiben, die nie blinzelten, während er regungslos in seiner ganzen kugeligen Schuppigkeit im Wasser hing.

Ich fand ihn hässlich, trotz aller Bemühungen von langjähriger Zucht, die ihm orange-schillernde Flecken auf opalweißem Grund und einen wabernden riesigen Schleppen-Schwanz verpasst hatten. Jonas war ein Goldfisch, ein Mode-Goldfisch, keiner von der alten unscheinbaren Art, und er gehörte meiner kleinen Schwester.

Es war mir unvorstellbar, wie man ein solches Vieh lieben konnte, aber sie tat es.

Jeden Morgen kletterte sie aus ihrem Bett, fummelte nach ihrer runden pink-farbenen Brille und tappte im Schlafanzug als allererstes an sein Aquarium, um ihm eine Prise von diesem stinkenden Zeug ins Wasser zu streuen, das er anscheinend gerne fraß. Ich konnte von meinem Kissen aus verfolgen, wie seine wulstigen kleinen Lippen sich gierig um die braunen Bröckchen stülpten und er eines nach dem anderen vertilgte.

Es verdarb mir jeglichen Appetit auf das Frühstück, so widerlich war mir der Anblick dieses stummen Mahls – obwohl nur der Fisch stumm und fressend blieb, Sarah hingegen mit ihrer kleinen dünnen Stimme Zärtlichkeiten gegen die Scheibe hauchte.

»Er versteht dich nicht«, schnauzte ich in ihre Richtung, »es ist ein dummes Tier!«

»Es ist Jonas«, sagte sie trotzig, auf dem Hocker vor dem Aquarium kauernd. »Und er wird schon ganz zahm, siehst du!«

Sie tippte mit ihrem dicken kleinen Finger auf die Wasseroberfläche, und der dicke kleine Fisch steuerte sofort darauf zu, schien daran zu knabbern. Sie lachte laut: »Siehst du!«

»Er hält deinen Finger für eine Made«, erklärte ich, »für eine fette leckere Made, und wenn er Zähne hätte, würde er ein Stück abbeißen!«

»Gar nicht wahr!« Sarah verzog ihren Mund zu einem bitteren Bogen, der ankündigte, dass es nicht mehr lange dauern würde, bis ich sie zum Heulen gebracht hatte. Es war so einfach, dass es schon beinahe keinen Spaß mehr machte.

»Und wenn du so guckst, siehst du selber aus wie ein Fisch! Fischgesicht! Vielleicht mag er dich ja wirklich, aber nur weil er denkt, du bist ein Fisch! Wegen der Brille und weil du so komische Lippen hast! Haha!« Ich musste selbst über meine Worte lachen. Die waren ein Volltreffer! »Fischgesicht! Haha!«

Und da tropften sie auch schon, die Tränen. Sarahs Backen wechselten zu grellem Rot und fingen an merkwürdig zu wabbeln, während sie vom Hocker rutschte und schluchzend aus dem Zimmer stolperte.

»Hau doch ab«, brüllte ich hinterher, »renn doch zu Mama, Baby! Baby-Fischgesicht!«

Jonas stieß sich mit langsamen Flossenbewegungen durchs Becken, Blasen sprudelten aus seinem zahnlosen Maul, und er hinterließ eine zähe Schnur aus Fischkot, presste Faden für Faden aus einer Öffnung an seiner Unterseite.

Ich beobachtete ihn mit einer Mischung aus Ekel und Faszination. Er glotzte zurück und ließ sich träge durch die einzige Pflanze treiben, die zum Schmuck dort herumstand und von der er bereits die meisten Blätter abgefressen hatte, so dass sie nichts mehr weiter war als ein zerlumptes mickriges Gestrüpp. Beinahe konnte ich den fauligen Gestank, der aus diesem Dreckloch aufstieg, riechen, obwohl klar war, dass ich mir dies nur einbildete, denn in Wirklichkeit roch das Aquarium nach nicht viel mehr als vage nach Fisch, und das auch nur, wenn man sich direkt darüber beugte. Ich wusste das, weil es meine Aufgabe war, das scheußliche Ding einmal im Monat oder so zu reinigen. Die Anleitung dafür stand auf einem Beipackzettel und auch, dass es für die Fische lebenswichtig war, dies regelmäßig zu tun.

Meinetwegen hatten es Fische nicht verdient zu leben. Vor allem nicht Jonas. Ich starrte auf seine verdaute Mahlzeit, die dafür verantwortlich war, dass das Wasser dreckig und dreckiger wurde und ich mich darum kümmern musste, dass er in seiner hässlichen kleinen Unterwasserlandschaft weiterhin seine sinnlosen Kreise zog.

Ich konnte mich noch genau an den Disput erinnern.

»Du bist elf«, hatte Mama ihr Urteil gesprochen, »Sarah ist sieben. Du bist groß genug, um so was zu machen, sie kann das nicht. Und es ist deine Aufgabe, dich um sie zu kümmern. Es ist ja auch dein Zimmer und irgendwie auch dein Fisch.«

Einen verdammten Scheiß ist das mein Fisch, wollte ich brüllen, einen verdammten Scheiß muss ich mich um Sarah kümmern, dieses nervige, hässliche, fette kleine Balg, das ist nicht meine, das ist deine Aufgabe, du bist die Mutter, du zwingst uns zusammen in ein Zimmer, obwohl es nicht genug Wände sein können, die uns trennen, obwohl es von mir aus Städte sein könnten, die uns trennen!

Was ich sagte war: »Das ist unfair. Ich wollte den blöden Fisch nie haben! Sie wollte das! Sie hat die Verantwortung dafür!«

Aber es war sinnlos. Mama hatte keine Zeit, ihr bisschen Zeit noch mit zusätzlicher Arbeit zu vergeuden, und ich tat sowieso nie genug um sie zu unterstützen.

Zum Glück hatte sie auch keine Zeit, sich ausgiebig einzumischen, wenn Sarah mal wieder heulend zu ihr gerannt kam.

So auch an diesem Tag.

»Mama hat gesagt, wir sollen nicht immer streiten!«, nuschelte sie, als sie sich durch die Türe wieder ins Zimmer schob. »Und wir sollen uns anziehen, wir kommen sonst zu spät!«

Tatsächlich? In der Zwischenzeit war ich schon längst in Hose und T-Shirt geschlüpft und hatte Mäppchen und Hefte in meinen Ranzen geworfen. Ich war fertig und, falls es nötig sein sollte, bereit, ohne Frühstück aus der Wohnung zu stürmen um draußen nach frischer kühler Sommermorgenluft zu schnappen, und auf ausgedehntem Schulweg allen Ärger kurz zu vergessen.

Aber nicht mal das war möglich.

»Und Mama hat auch gesagt, du sollst mir die Schoko-Pops geben, sie muss sich fertigmachen und früher los.« Da stand sie und blinzelte mich hinter den runden Brillengläsern an. Ihr Gesicht besaß wieder eine normale Farbe, nur die Tränen hatten Streifen hinterlassen und aus ihrem einen Nasenloch quoll dicker grüner Rotz.

»Du siehst schrecklich aus«, sagte ich, »komm mit ins Bad.«

Ich brachte sie dazu, sich die Nase zu putzen, sich genug Wasser übers Gesicht zu kippen, um streifenfrei zu sein, und bürstete ihr zusseliges blondes Haar, damit ein kleiner Pferdeschwanz zustande kam.

»Kann ich das Gummi mit der blauen Blume haben?«, bat sie, vergnügt, grinsend, mich als ihr Spiegelbild angrinsend und ich band ihr das Gummi mit der glitzernden saphirblauen Plastikblume hinein und sie grinste noch breiter und ich ging schweigend in die Küche, wo Mama im Stehen ihren Kaffee kippte, bereits im Mantel.

»Guten Morgen, meine Süße«, sie schmatzte mir einen Kuss auf den Scheitel, während ich neben ihr zwei Müslischüsseln aus dem Schrank holte, »tut mir leid, dass ihr heute wieder allein los müsst, aber dafür bin ich heute Abend früher wieder da, versprochen!«

»Kommt der Jürgen auch wieder?«, fragte ich nebenbei, weil ich den Jürgen über alles hasste, mehr noch als den glitschigen kleinen Jonas und die lästige kleine Sarah. Ich hasste ihn, weil er mich zur Begrüßung in den Arm nahm und dabei nach irgendwas Komischem roch, das vermutlich Rasierwasser war, aber erbärmlich stank, und weil er, wenn er glaubte, ich würde es nicht hören, zu Mama Dinge flüsterte wie: »Findest du nicht, dass sie so sperrig ist? Wie sie immer so streng blickt, so verschlossen. Und das in ihrem Alter! Das Mädchen braucht Liebe, glaub mir, ganz viel Liebe!« Was für ein kompletter Stuss! Natürlich warf sich Sarah auf ihn, sobald sie ihn sah und quietschte freudig und zerrte ihn in unser Zimmer, damit er sich Jonas anschauen solle, der schon wieder viel zahmer sei und so weiter. Aber sie war auch klein und dumm und wusste nicht, dass er nur deswegen so nett zu ihr war, weil er Mama gefallen wollte. Und weil er ihr sehr gefallen wollte, hatte er es sich in den Kopf gesetzt, mich in ein fröhliches friedliches kleines Mädchen zu verwandeln, der Idiot.

»Ja, Jürgen kommt heute auch früher, er will mir doch helfen, deinen Geburtstag vorzubereiten!« Mama lächelte mich verschwörerisch an, um mir zu sagen, wie schön es doch sei, dass der Idiot sich so viel Mühe wegen mir machte. Ich lächelte zurück, um ihr zu zeigen, dass mich das sehr glücklich machte und sie unbesorgt früher gehen durfte.

»Und du bringst das Mäuschen bis zur Schule, ja, da sind doch immer diese Jungen, die sie sonst ärgern!« Das warf sie noch im Hinausgehen so in den Raum. Sie sah hübsch aus heute mit dem bunt gemustertem Rock und den vielen braunen Löckchen um ihr Gesicht und gar nicht so müde und alt wie manchmal wenn sie nachts auf dem Sofa saß und irgendwohin starrte, wie sie es früher oft getan hatte.

»Klar, mach ich«, log ich ohne zu zögern. Sie sollte ruhig gehen und so was wie glücklich sein, solange sie nicht schimpfte oder schluchzte und alles nur ärgerlicher machte.

Natürlich würde ich Sarah nicht bis zur Schule bringen. Nichts konnte mich dazu bewegen.

»Was wünschst du dir, was wünschst du dir, was wünschst du dir zum Geburtstag«, krähte Sarah mit vollem Mund, so dass ihr die Pampe heraustropfte und Flecken auf ihrem fliederfarbenen Top erblühten. Ich starrte sie einen Moment lang an und fragte mich, was »leicht geistig zurückgeblieben« eigentlich bedeutete. Ob es nicht doch ein anderer Ausdruck für behindert war. Ob die anderen nicht das volle Recht hatten, ihr »Behindi, Behindi, häßlich und Blindi!« hinterherzuschreien.

»Ich wünsche mir von dir«, sagte ich sehr langsam, »dass Jonas tot ist! Und wenn das passiert, sag ich nie wieder Fischgesicht zu dir. Verstanden? Dann bin ich immer nett und nehm dich mit auf dem Spielplatz und so. Aber Jonas muss tot sein!«

Damit ging ich und knallte die Tür hinter mir zu. Ich wusste nicht genau, wo all diese Wut und der Hass herkam, der in mir aufbrodelte, aber in diesem Augenblick war es mir egal, dass Sarah alleine zuhause bleiben würde, weil sie sich ohne Begleitung nicht aus der Wohnung traute, und es war mir egal, dass ich etwas Schreckliches tat.

Und als ich mittags zurückkam, den Schlüssel im Schloss drehte und wusste, dass sie den ganzen Vormittag einsam hier gesessen und sich furchtbar geängstigt haben musste und Mama toben würde und mit schlimmsten Strafen drohen, war immer noch nicht die Spur von einem schlechten Gewissen in mir.

Aber als ich sie dann in unserem Zimmer fand, auf dem Boden sitzend, den stillen Rücken mir zugewandt, so rund und unförmig und klein, und sich nicht mal bewegte, als sie mich hörte, da wusste ich, was passiert war.

Ich kniete mich neben sie und öffnete sanft ihre Hand.

Es war mir sofort aufgefallen, als ich den Raum betreten hatte, als mein Blick vom Aquarium angezogen wurde, weil es so leer und still und dunkel und seltsam aussah.

Denn da war Jonas, in ihrer schmutzigen Faust, die sie um ihn geschlossen hielt, weil sie es nicht ertragen konnte, ihn anzusehen und auch nicht, ihn einfach irgendwo hinzulegen, so schlaff und stumm und tot wie er war. Sie hatte ihn gedrückt, bis sein praller Bauch aufgeplatzt war, so wichtig musste es ihr gewesen sein, dass sie es auch wirklich richtig machte, und ihr seltsames Gesicht sah selbst so leer und still und dunkel aus, dass irgendetwas in mir zuckte, wie eine Maus zwischen den Zähnen einer Katze.

Ich sah den Fleck zwischen ihren Beinen und die Pfütze auf dem Boden und wusste, dass sie sich in die Hose gepinkelt hatte vor lauter Angst.

Und da zog ich sie an mich, auf meinen Schoß, mitsamt ihrem Gestank nach Urin und den kleinen Fischgedärmen, die über ihre Hände verteilt waren, und dem ewigen grünen Schleim an ihrer Nase, und ich drückte sie so fest ich konnte und strich ihr über den verrutschten Pferdeschwanz. »Sagst du das jetzt nie wieder zu mir?« fragte sie mit einer solchen Hoffnung in der Stimme, während sie sich an mich klammerte. »Weil«, sagte sie, »ich hab dich doch lieb. Lieber als Jonas!«

»Nie wieder«, sagte ich, »nie wieder!«

Wiebke Eymess
ERBGUT

Die Angst hat meiner Mutter die Zähne genommen. Hat sie kopfüber die Treppe herab gestoßen, dass sie unten mit dem Kinn aufschlug. Mit dem Gesicht voran die Fliesen gerammt, als hätte meine Mutter keine Arme gehabt, sich abzufangen. Es muss die Angst gewesen sein, dessen bin ich mir heute ganz sicher.

Du kannst Dich bestimmt nicht erinnern, schreibt mein Vater, aber schon vor dem Fall ist Deine Mutter immer weniger geworden. Daher habe er sich gewundert, dass sie überhaupt so hart habe aufschlagen können. Kaum noch gegessen habe sie, mit der Gabel ziellos auf dem Blumenmuster des Tellers gepickt. Und das bisschen, was er ihr zufütterte, habe sie anschließend erbrochen. Von der Magensäure seien die Zähne meiner Mutter porös geworden.

In ihrem eigenen Blut hat sie gelegen, als er, mein Vater, die Treppe heruntergekommen ist. Nicht einen Schrei hat meine Mutter im Fall von sich gegeben, das dumpfe Klatschen ihres Körpers muss ihn geweckt haben. Kopfüber ist sie gekippt, wie jemand, der ins Wasser springt. Nur dass da eben kein Wasser gewesen ist, sondern Holz. So wenig ist meine Mutter damals schon gewesen, dass er sie mühelos hat aufheben und zurück ins Ehebett tragen können. Ich frage mich oft, ob die Zähne da noch in dem Blut getrieben sind.

Selbst mit Zähnen im Mund hat meine Mutter nie viel gesprochen. Es war, als erschrecke sie der Klang der eigenen Stimme. Eine gespannte Stille ist von ihr ausgegangen und hat sich im Haus verbreitet. In den weichen Teppichen, in den geölten Schranktüren und dem tonlosen Fernseher. In den Zimmertüren, die immer verschlossen gewesen sind, damit der Wind sie nicht hat zuschlagen können. Nach Schreien ist mir manchmal zumute gewesen, schreibt mein Vater, das ganze Haus in Trümmer schreien. Stattdessen habe er die Mangelwäsche erledigt.

Im Fall muss sich die Mutter mehrmals überschlagen haben, vielleicht ist sie gegen die Wand geprallt, dort, wo die Treppe einen Knick macht. Unter dem Knick hast Du früher Deine Buden gebaut, schreibt mein Vater. Dort habe er hinterher besonders gründlich gesaugt, damit ich im Spiel nicht einen der Zähne fände.

Der Lärm von dem auf die Holzstufen schlagenden Körper ist so groß gewesen, dass sich anderntags die Nachbarn danach erkundigt haben. Ein Bücherbord hat sich aus der Verankerung gelöst, hat mein Vater geantwortet und weiter Laub geharkt.

Ich erinnere mich, dass ich an dem Tag froh gewesen bin, dem schwarzen Lächeln meiner Mutter zu entkommen. Vom Ehebett hat sie mir ihre Hände zur Umarmung entgegengestreckt. Sprechen hat sie schlecht können mit dem zerschundenen Gesicht. Geschwollen und blau wie eine aufgeplatzte Zwetschge. Und obwohl meine Mutter gelächelt hat, ist ihr Mund ein Schatten geblieben. Weil da nichts mehr gewesen ist, das hätte strahlen können. Es hat mich geschüttelt bei dieser Umarmung. Es war, als umarme man die Angst.

Damals habe ich jedoch nicht gewusst, dass es die Angst war. Hätte es nicht Angst nennen können. Immerhin hat meine Mutter es stillschweigend ertragen, wenn sie die Angst hatte. Oder wenn die Angst sie hatte, heute bin ich mir da nicht mehr sicher. Nicht ein Wort über den Schüttelfrost, über den Schwindel nicht und nicht über die Enge in der Brust. In dieser Enge schlägt das Herz so hastig, als laufe es vor etwas Unbeschreiblichem davon. Dabei presst es die Lunge auf den Magen und die Luft aus dem Körper.

Nur ein einziges Mal hat meine Mutter etwas über die Angst gesagt. Da hat sie das Gas mit der Bremse verwechselt und ist vor eine Straßenbahn gefahren. Wenn du dir selbst nicht mehr trauen kannst, gibt es manchmal keinen anderen Ausweg, hat sie hinterher zu meinem Vater gesagt. Da habe ich ihn das einzige Mal weinen sehen. Die Tränen sammelten sich in den großen Poren an den Nasenflügeln und versickerten schließlich in seinem Bart.

Die Bedeutung des Satzes ist mir erst aufgegangen, als mein Vater mit den Briefen anfing. Heute weiß ich, meine Mutter hat eigentlich nicht sich, sondern die Angst umbringen wollen. Die Angst und die Angst vor der Angst und vor allem die Angst vorm Verrücktwerden. Sie hatte nicht zulassen wollen, dass die Angst sie noch ein einziges Mal zu fassen kriegt, nie wieder wollte sie sich so fühlen müssen. Ein eingerissenes Ohrläppchen, mehr ist nicht dabei heraus gekommen. Der Stoß von der Straßenbahn hat ihr bloß die Sonnenbrille vom Kopf gefegt. Danach hat sie gelegen und gewartet, bis sie sich hinter der Angst wieder gefunden hatte. Eigentlich habe ich meine Mutter wartend in Erinnerung. Wartend und blass. Als habe sich auch das Blut vor Schreck in das Innere ihres Körpers zurückgezogen.

Meine Mutter hat viel Zeit im Inneren ihres Körpers verbracht. Sie hat in der Stille hinter ihren geräumigen Pupillen gekauert und abgewartet. Riesig sind diese Pupillen gewesen, an die Farbe ihrer Augen kann ich mich gar nicht erinnern, da ist immer nur poliertes Schwarz gewesen. Ein Schwarz, das alles zurückwirft, was hindurch will. Dahinter hat sie sich versteckt und gewartet. Auf den nächsten Atemzug, den nächsten Morgen, darauf, dass der

Tag vorbei geht. Wer zu viel über sich nachdenkt, schreibt mein Vater, bekommt es mit der Angst zu tun.

Nach dem Treppensturz habe ich oft von den verlorenen Zähnen meiner Mutter geträumt. Im Traum hat meine Mutter mir ein schwarzes Lächeln geschenkt und die Zähne in den Ausguss gespült. In der Kanalisation sind sie getrieben, durch gewundene Rohre und Schächte, auf einem Fluss an Ausflugsdampfern vorbei und dann bei Neuharlinger Siel im Meer gelandet. Warum ausgerechnet Neuharlinger Siel, kann ich mir bis heute nicht erklären. Im Traum hat mein Vater Muscheln gegessen, und als er die Schale öffnete, haben in dem weichen Muschelfleisch die Zähne der Mutter gelegen. Sehr weiße Zähne sind es gewesen, ebenmäßig und strahlend. Du hast ihr Gebiss, schreibt mein Vater, und auch sonst bist Du ihr sehr ähnlich.

Damals hat er geschwiegen. Wenn ich ihn nach meiner Mutter fragte, schüttelte er den Kopf und ölte die knarrende Schranktür. Irgendwann hat er den Mund nur noch zum Essen und zum Trinken aufgemacht. Damit ihm nicht etwas herausrutschte, das er hinterher bereuen könnte. Nach einiger Zeit habe ich angefangen, die Flaschen im Keller meines Vaters mit Apfelsaft aufzufüllen. Immerhin hat er den Whiskey wie Saft getrunken, da hat es keinen Unterschied gemacht. Wegen meiner Mutter durften wir keinen Streit im Haus anfangen, da hat er sich nicht beschweren können. Stattdessen hat er im Keller vor der Flasche gesessen und die im Saft schwimmenden Fliegen beäugt. Auf ihren Flügeln sind sie getrieben, die Frischen versuchten, auf die Inseln der Fliegenleichen zu kriechen. Durch die Flasche habe ich meinen Vater beobachtet, sein im Glas gebogenes, grünes Gesicht. Habe sein Zyklopenauge beobachtet, bis es hinter der Flasche auftauchte. Das reinste Wachsfigurenkabinett, hat er manchmal gemurmelt und den Saft aus der Flasche getrunken. Ich habe das nicht begriffen, habe ja nicht einmal gewusst, was ein Wachsfigurenkabinett ist. Sein Auge, habe ich damals gemeint, sein Auge habe die Farbe von Bienenwachs angenommen. Als schwämme es mit den Fliegen im Saft.

Manchmal, wenn ein Kind gezeugt wird, geht etwas mit der Zellteilung schief. Eine geteilte Zellhälfte kann unvollständig sein und sich dann nicht mehr weiterentwickeln. Aber sie ist trotzdem in dem Körper, der weiter wächst und Mensch wird. Und irgendwann fängt diese unfertige Zelle an, sich doch noch zu teilen, innerhalb des großen Körpers zu teilen, bis man einen kleinen, verkrüppelten Tumor in sich trägt. Als ginge man mit dem eigenen Zwilling schwanger. Die Ärzte, die solche Zwillingstumore aus der Bauchhöhle eines Patienten operierten, haben in dem Tumorfleisch schon die absonderlichsten Dinge gefunden. Knorpel zum Beispiel oder Haare. Und auch Zähne. So einen Tumor hatte meine Mutter in sich, nur dass er nicht aus Zähnen war sondern aus Angst.

Nach der Sache mit der Straßenbahn ist mein Vater immer länger ausgeblieben. Der Schattenmund hat das Haus verdunkelt, schreibt er, alles Licht hat er geschluckt. Nur nachts ist mein Vater noch ab und zu heimgekehrt. Hat den Schlüssel langsam im Schloss gedreht, kaum ein Geräusch war zu hören. Ich wartete auf der Treppe, bis das dumpfe Schnappen der Bolzen ihn ankündigte. Ohne Licht zu machen, räumte er Käse und Milch in den Kühlschrank und trug den Müll hinaus. Ich folgte ihm in den Keller, um mit ihm vor der Flasche zu sitzen und die Fliegen zu beobachten. Nicht einmal mehr aufgeblickt hat er. Das Zyklopenauge rollte müde in seiner Höhle, bis die Iris hinter das Lid kippte.

Als mein Vater ausblieb, weigerte sich meine Mutter, das Bett zu verlassen. Sie hätte ja fallen können und dann wäre da niemand gewesen, um sie aufzuheben. Dabei hat das Wenigerwerden nicht aufgehört, sogar ich hätte meine Mutter tragen können. Ihr Körper hat sich kaum noch unter dem Bettlaken abgezeichnet. Ein Geruch von alter Milch und gegorenem Obst hat schließlich in dem Schlafzimmer gehangen und sich unter die Stille im Haus gemischt. Ich habe Schalen mit Essigwasser aufgestellt, doch da hat er bereits in den Sofakissen und Gardinen, in den Tapeten und Handtüchern gesessen. Soviel habe ich gar nicht lüften können.

Als mein Vater ausgeblieben ist, haben schließlich die Schranktüren wieder zu knarren begonnen. Bilder sind von der Wand gefallen und am Boden zerschellt, die Fensterläden und Jalousien haben in ihren Halterungen geschlagen, Vögel sind gegen die Scheiben geprallt und mit aufgesperrtem Schnabel vor der Veranda liegen geblieben. Allein habe ich die Geräusche nicht in Schach halten können. Meine Mutter hat darüber nicht einmal mehr erschrecken können, so wenig ist sie bereits gewesen. Manchmal wollte ich das Wenige packen und schütteln. Stattdessen bin ich für meine Mutter erschrocken. Als Äste auf das Dach stürzten und die Treppenstufen auch nachts unter Schritten ächzten. Nachts hat es die meisten Geräusche gemacht. Denn nachts sind auch die Spinnen über die Raufasertapete geschrammt.

Die Angst hat die Mutter in Stücken geholt. Erst die Zähne und dann das Fleisch. Manchmal, schreibt mein Vater, habe ich mich gefragt, ob es nicht besser für alle gewesen wäre, wenn Deine Mutter konsequenter gewesen wäre. Wenn sie nicht im Bett auf das Ende gewartet, sondern sich das Ende genommen hätte. Wenn sie aufgestanden wäre und sich noch ein zweites Mal vor die Straßenbahn geworfen hätte. Für diese Gedanken habe er sich so geschämt, dass er uns irgendwann nicht mehr in die Augen schauen konnte. Heute fände er es gar nicht mehr so abwegig. Manche Menschen seien vielleicht einfach nicht fürs Leben gemacht. Es liegt in der Familie, schreibt mein Vater. Auch Deine Großmutter hat sich eines Nachts in die verschneite Böschung gekippt und gewartet, bis sie ganz steif war vor Kälte. Richtig zugeweht sei sie schließlich gewesen, nur noch die Perücke guckte raus. Hätte nicht ein Hund die Großmutter gefunden, wäre es aus mit ihr gewesen. Aus sei es dann erst gewesen, als sie vor die Straßenbahn gelaufen sei. Die Frauen in der Familie haben eine Vorliebe für Straßenbahnen, schreibt mein Vater. Doch das sei eine andere Generation gewesen. Sehr diszipliniert, diese Großmutter, sie habe nicht zugelassen, dass die Angst sie holen kam, sondern habe rechtzeitig den Absprung geschafft. Ich bin nicht stark genug gewesen, schreibt mein Vater. Ich hätte Dich nicht zurücklassen dürfen, es tut mir leid.

Dein eigener Körper läuft vor dir davon, während du fest auf einem Stuhl sitzt. Das Herz rast, die Beine zittern, der Blick wird trübe. Dann kippt der Boden auf dich zu und du kriegst keine Luft mehr, weil von oben die Zimmerdecke nachdrückt. Du gehst nicht mehr aus dem Haus, weil du Angst hast, nicht zurück zu finden. Dein altes Leben verabschiedet sich und du kannst nur zusehen und winken. Bis du weniger bist als nichts. So fühlt es sich an. Ein völliges Durcheinander, eigentlich ist es kaum auszuhalten. Und jedes Mal, wenn es aufhört, schwörst du dir, nie wieder, nie wieder will ich mich so fühlen müssen. Doch meine Mutter hielt aus, bis sie sich auflöste und verschwand. Noch im Tod ist sie sehr leise gewesen. Jeder sollte selbst wissen, was er tun und was er lieber lassen möchte. Leben zum Beispiel. Manche Menschen sind vielleicht einfach nicht dafür gemacht.

Marianne Glaßer
Never Again

Heute ist Freitag.
Heute wird meine Mutter mir Kuchen bringen.
Ich kann nicht dagegen an.

Heute kommt sie die Treppe herauf.
Die Stufen biegen sich unter den Füßen. Aber sie brechen nicht durch.
Meine Mutter stürzt nicht in den Keller. Sie kommt höher und höher.
Vor sich her trägt sie einen Kuchenteller.
Ich kann nicht dagegen an.

*

Ich wohne mit meiner Mutter im Haus.
Ich wohne im Obergeschoss.
Sie wohnt im Untergeschoss.

Im Untergeschoss sind die Böden gemauert. Die Schritte meiner Mutter hört niemand.
Im Obergeschoss sind die Böden aus Holz. Meine Mutter hört meine Schritte.

Ich lebe auf der Kopfhaut meiner Mutter. Mit jedem Schritt breche ich ins Gehirn meiner Mutter ein.

*

Meine Mutter ist schwer. Ich bin leicht.

Auf der Wippe sitzt sie immer unten, ich hänge hoch in der Luft.

Ich zapple und zapple, aber ich bekomme keinen Fuß auf den Boden.

*

Das Gesicht meiner Mutter ist breit.
Meines ist schmal.
Wenn wir zu zweit in den Spiegel blicken, ist darin nur ihres zu sehen.

*

Meine Mutter ist unordentlich.
Ich bin ordentlich.
Auf meinen Böden liegt nichts herum.
Auf meinen Tischen liegt nichts herum.
In meiner Wohnung liegt nichts herum.
Ich bewohne sie nicht.

*

Ich führe ein Leben auf Zehenspitzen.
Tätigkeiten, die ich verrichten kann: Lesen, Schreiben, Rechnen, Träumen.
Tätigkeiten, die ich nicht verrichten kann: Lachen, Singen, Staubsaugen, Weinen.

Meine Mutter darf mich nicht hören.

*

Ich bestelle mir immer Kleider aus Katalogen.
Es sind bunte Kleider, mit Ranken, Spitzen und Bögen.
Es sind Kleider, in denen ich eine andere Frau bin.

Ich nehme sie aus den Kartons, wenn meine Mutter aus dem Haus ist.
Ich halte sie vor mich hin und sehe im Spiegel die andere Frau.
Ich wage es nicht, sie zu werden.

Ich habe einen Schrank voller Kleider, die auf den Tod meiner Mutter warten.
Aus dem Schlafzimmer gehe ich nur in Grau.

*

Mein Vater hat gut mit meiner Mutter gelebt.
Sie hatte keine Ohren, er hatte keinen Mund.
Sie störten einander nicht.

Später ist er in ein Schneckenhaus eingezogen.
Er hatte es schon immer bei sich getragen.
Es war das vertrocknete Herz seiner Mutter.

Ich habe ihn seither nicht mehr gesehen.

*

Ich kann den Kuchen in den Mülleimer werfen.

Aber er hat das Gesicht meiner Mutter. Wenn ich ihn vom Teller schiebe und ins Dunkel zu den faulen Kartoffelschalen rutschen lasse, schreit er auf.

Ich kann den Kuchen nicht in den Mülleimer werfen.

*

Jeden Morgen laufe ich einen Kilometer.
Einen halben Kilometer weg vom Haus, einen halben Kilometer zum Haus zurück.

Auf dem ersten halben laufe ich nach vorne gebeugt, auf dem zweiten halben nach hinten gebeugt.
Du wirst glauben, dass es am Wind liegt.
Aber das stimmt nicht.

Der Kopf will weg, doch die Füße bringen mich immer wieder zurück.

*

Einmal im Jahr höre ich auf zu lügen.
An Karneval.

Ich gehe als Kind hin.
Als Verkleidung braucht es fast nichts.

Einen Abend lang haue ich auf die Pauke.
Einen Abend lang haue ich auf die Mutter.

Aber ich komme immer wieder zurück.

*

Ich kann den Kuchen unberührt auf dem Tisch stehen lassen.

Jeden Tag, wenn ich in meine Küche komme, ist das Gesicht der Mutter ein wenig runzliger geworden. Eines Tages, wenn ich meine Kaffeetasse danebenstelle, bricht es auf und ein Schrei quillt heraus.

Ich kann den Kuchen nicht unberührt auf dem Tisch stehen lassen.

*

Einmal hatte ich einen Mann.
Er war ebenso klein wie ich.
Wir waren zwei Erbsen in einer Schachtel.
Nur selten prallten wir durch Zufall zusammen.

*

Meine Mutter spricht jeden Tag mehrere Stunden.
Ich schweige jeden Tag mehrere Stunden.

Die restlichen Stunden schweige ich auch, weil mir nichts mehr einfällt.

Den Kalender habe ich so erzogen, dass er ein Wort sagt, wenn ich vorüberkomme.
Diesen Monat sagt er Februar.
Es klingt jeden Tag gleich.

Manchmal reicht es.

*

Einmal hatte ich eine Katze.
Sie war warm und weich.
Sie sollte bei mir bleiben, bis ich warm und weich war.

Meine Mutter hat sie gegessen, weil sie eine Amsel gegessen hatte.
Auf diese Weise hoffte sie, ihre Amsel zurückzubekommen.

Meine Mutter ist warm und weich, ich bin es nicht.

*

Sicher wäre ich besser genährt, wenn der Bäckerladen erreichbar wäre.

Aber ich laufe bis dahin zwei Kilometer.
Dann sind es noch vier.

Ich laufe bis dahin sechs Kilometer.
Dann sind es noch zwölf.

Usw.

*

Einmal hatte ich eine Tochter.
Sie wurde ein Schmetterling, und ich habe sie wegfliegen lassen.

An sonnigen Tagen kommt sie, setzt sich ans Küchenfenster und flattert mit ihren vier blauen Augen.

*

Ich gebe meiner Mutter ein Messer.
Sie soll mir helfen, sie zu erstechen.

Sie nimmt das Messer und schneidet mir ein Stück Kuchen ab.

*

Mein Gedicht ist mein Messer, mit dem ich den Faden zur Mutter zerschneide.

Wenn ich zu schreiben aufhöre, wächst er wieder zusammen.

*

Einmal hatte ich einen Sohn.
Es war in Kriegszeiten, als niemand genug hatte.

Meine Mutter hat ihn gegessen.
Seither ist sie noch schwerer, und ich bin noch leichter.

*

Die Winter werden jedes Jahr kälter.
Ich heize und heize.

Ich verheize den ganzen Wald, um den Gummibaum in der Wohnung am Leben zu halten.
Und mich.

*

Ich kann den Kuchen in den Küchenschrank stellen und die Schranktür hinter ihm zumachen und versuchen, ihn zu vergessen.
Aber ich werde wissen, dass jeden Tag hinter der Schranktür das Gesicht der Mutter ein wenig runzliger wird. Eines Tages,

wenn ich die Zuckerdose heraushole, reißt es auf und ein Schrei springt mich an.

Ich kann den Kuchen nicht in den Küchenschrank stellen.

*

Ich schicke mir manchmal Karten aus anderen Ländern.
Toskana, Marokko, Kongo.

Schon die Namen sind warm, und dann erst die Farben.
Aber das Papier fühlt sich kalt an.

Man merkt eben doch, dass wir nur auf der Hauptpost waren, die Karten und ich.

*

Manchmal versuche ich in eine andere Stadt zu fahren.

Mit jedem Meter, den ich fahre, werde ich zwei zurückgeschleudert.
Ich komme weit hinter mir selbst an.

*

Ich hatte einmal einen Papagei mit grünroten Federn.

Ich konnte ihn einige Sätze lehren.
Aber wenn er sie endlich konnte, mochte ich sie nicht mehr hören.

Ich habe ihn meiner Mutter geschenkt.
Ich glaube, die beiden verstehen sich.
Sonntags trägt sie oft eine grünrote Feder am Hut.

*

Ich hätte mit meinem Vater gern einen Kuchen geteilt.

Aber er brauchte nichts. Nicht von mir.
Wenn meine Mutter aus dem Haus war, hat er sich von einer Dose Bohnen ernährt.
Er hat die Dose nicht einmal aufgemacht.
Schon vom Ansehen wurde er satt.

*

Nach Anbruch der Dunkelheit breche ich das Fasten.
Nach Anbruch der Dunkelheit breche ich eine Tafel Schokolade und esse sie mit mir selbst.

Im Dunkeln kann Allah nicht sehen.
Im Dunkeln kann meine Mutter nicht sehen.

*

Ich habe das Döschen mit meinen Milchzähnen noch.
Nachgewachsen sind keine.
Wie soll man da die Nabelschnur durchbeißen können.

*

Wenn ich versuche, nicht an einen weißen Elefanten zu denken, kommt meine Mutter und führt einen weißen Elefanten vorbei.

Nicht einmal das bringe ich zustande.

*

Wenn ich etwas sage, nimmt meine Mutter mir das Wort aus dem Mund und knetet es so zurecht, wie sie will.

Nur die Lügen wachsen ihr durch die Finger und kehren zu mir zurück.

*

An allen Ecken und Enden der Wohnung suche ich meinen Mann und Vater.

Endlich finde ich beide.
Sie haben sich in einer Walnuss verschanzt und tarocken.
Durch diese Schale dringe ich nicht.
*
Zu Weihnachten bekomme ich immer Speisekarten.
Ich soll endlich dicker werden.

Wenn die Gäste weg sind, falte ich Flieger daraus und lasse sie in den Himmel steigen.
*
Ich feiere alle Feste zur Unzeit.
Weihnachten im Mai. Halloween im August.

Niemand weiß es.
Niemand verlangt, dass ich fröhlich bin.
Ich bin fröhlich.
*
Beim Schreiben sitzt meine Mutter neben mir und radiert mir die Wörter weg.
Das Buch, das ich schreibe, wird jeden Tag kürzer.
Bald bin ich wieder bei Null.
*
Im Traum bin ich immer barfuß.

Tagsüber trage ich vier Paar Socken.
Zwei Paar wärmen die Füße.
Zwei Paar wärmen sich auf der Heizung.

Bis in den Traum reicht es nicht.
*
Manchmal backe ich einen Kuchen.

Ich will ihn nicht essen, sondern nur einen Abend lang eine duftende Wohnung haben.

An diesem Abend brät meine Mutter Zwiebeln und Speck.
Die beiden Düfte kämpfen im Flur.
Ihrer siegt.

Ich werfe den Kuchen auf den Kompost.

*

Ich hätte mit meinem Mann gern einen Kuchen geteilt.

Aber er wollte morgen das Essen von gestern, übermorgen von vorgestern, überübermorgen von vorvorgestern.

So kam er immer weiter vom Heute weg, und von meinem Kuchen und mir.

*

Ich kann aus dem Haus gehen, mit Regen- und Sonnenschirm ausgerüstet, und einen ganzen Tag nicht zurückkehren.

Wenn ich abends in meine Küche trete, wird der Kuchen auf dem Küchentisch prangen, und alles ist wie zuvor.

Ich brauche nicht aus dem Haus zu gehen.

*

Ich kann den Kuchen meiner Mutter nicht essen.
Ihr Kuchen ist schwer.
Ihr Kuchen macht schwer.

Der Küchenfußboden bricht unter mir ein.

Ich stürze ins Untergeschoss und falle mit meiner Mutter zusammen.

*

Ich wollte immer drei Kinder.
Zusammen hätten wir meiner Mutter die Waage gehalten.

Das erste hat sie gegessen.
Das zweite habe ich wegfliegen lassen.

Das dritte blieb ein Embryo.
Dieses sieht mir am ähnlichsten.

*

Gewogen und zu leicht befunden.

*

Jetzt lebe ich mit einer Tür zusammen.
Wenn ich mein Auge ans Schlüsselloch halte, sehe ich Sand und Meer.
Wenn ich mein Ohr ans Schlüsselloch halte, höre ich Wind und Wellen.

Aber die Tür hat keine Klinke, mit der ich sie öffnen könnte.
Und ich habe auch keine Hand, mit der ich sie öffnen könnte.
Wir werfen uns unsre Mängel nicht vor.

*

Ich kann den Teller mit Kuchen vom Tisch nehmen und aufs Fensterbrett stellen.
Die Vögel werden ihn finden und essen.
Der schwere Kuchen wird leicht.
Meine schwere Mutter wird leicht.

Ich gebe meine Mutter den Vögeln mit.
Meine Mutter liebt Vögel.

Sie wird froh sein, fliegen zu können.

Ich brauche den Kuchen meiner Mutter nie wieder zu essen.
*
Morgen öffne ich meinen Schrank und nehme die Kleider heraus.

Tina Klopp
Beobachtungen des Waldes

Der Wecker hatte schon einmal geschrillt. Schnelle, etwas tapsige Schritte. Ein warmer Körper drückte sich an sie, robbte noch näher. Durch den Spalt, den die beiden Hälften der Gardine ließen, quoll ein erster Streifen Licht ins Zimmer. Es war vielleicht nicht rechtens, dachte sie, war aber zu müde, sich zu entziehen. Sein Körper fühlte sich kantig an wie ein Holz. Fast gewaltsam verschaffte er sich Zugang zu der warmen Höhle unter ihrer Decke, schob sich an den Körper der Mutter. Seit gestern, als er mit dem Bus aus der Schule zurückgekommen war, benahm er sich anders, war anhänglicher als sonst, fast wie früher. Ließ sich aber nicht entlocken, was vorgefallen war.

Sie ahnte den Regen, den Matsch auf dem Weg zum Stall, die Pfützenkrater zwischen den Gehwegplatten, sah die Kälte, die in ihre roten Hände biss, die Tropfen, die sich in den Haaren sammelten, um am Nacken hinunterzulaufen, in das Labyrinth ihrer Kittel und Schürzen. Draußen klagten ein paar Vögel. Der Winter wollte sich nicht vertreiben lassen.

Sie zog die Decke noch einmal höher, hielt dann die Luft an, bis sich der Wecker erneut meldete. Ein drittes Mal gab sie sich noch. Ihr Junge stieß mit seinem mageren Hintern in Richtung ihres Schoßes. Er roch nicht mehr wie früher, er umarmte sie auch nicht mehr, er zwängte sich vielmehr an sie wie eine Zecke, um die letzte Wärme aus ihr zu saugen. Im oberen Stock war es kalt. Der Vater war nicht da, sie wollte nur das Beste für den Jungen.

Ein kurzer Kampf, bis sie sich ergab, dann ließ er los. Mein Junge, ich muss jetzt wirklich hinaus, die Kühe, hörst du? Er reagierte nicht. Wollte von Schule und Waschen nichts wissen. Sie brachte ihn zurück in sein Zimmer, zog die Decke bis an sein Kinn, stopfte die Seiten fest, wie früher, beschloss, ihm den Schultag zu erlassen. Am Samstag waren es nur wenige Stunden, und ja, doch, ein bisschen entzündet sahen die Augen wohl aus.

Als sie gemolken, gefüttert und eilig über den Beton im Stall gefegt hatte, saß er bereits am Frühstückstisch und wartete, immer noch im Schlafanzug, die bloßen Füße auf dem Küchenboden. Er schien die Kälte nicht zu spüren. Sah nur der Mutter zu, die Milch heiß machte, ihren Kaffee durch den Filter rinnen ließ, ihnen beiden Marmeladenbrote schmierte. Die Marmelade suchte sich Wege durch die Löcher im Brot und hinterließ rote Kleckse auf dem Teller. Er rührte die zweite Scheibe nicht an. Lieber sah er der Mutter zu, die jetzt die Gans aus der Kammer holte. Zwei Tage lang hatte das Tier schon da gehangen, kopfüber an den Beinen aufgeknüpft.

Die Mutter holte die Innereien aus der Gans, durch den Hintern hindurch. Der Junge stützte den Kopf auf den Arm und betrachtete die Arbeit der Mutter. Kopf und Blick folgten jedem Schritt der Frau. Ihre Schürze beulte sich zu einem Ring um die Hüften, ihr Hintern passte kaum noch in die umlehnten Esszimmerstühle, doch sie bewegte sich flink. Ihre Arme sahen weiß und kräftig aus, die Haut fast faltenlos. Ein Schatten legte sich über sein Gesicht, als sich die Mutter in den Finger schnitt.

»Wir beiden«, sagte die Mutter, als sie sich für einen Moment neben ihm niederließ, um den Kaffee zu trinken, der inzwischen kalt geworden war. Sie lächelte ihn nachdenklich an. Er reagierte nicht. Normalerweise erlaubte er es nicht mehr, dass sie ihm über den Kopf strich, über der Narbe auf seiner Stirn das dünne Haar zurückschob. Als sie den Arm nach ihm streckte, raschelte der Stoff ihrer Schürze. Der Vater war schon so lange fort.

Sie schraken beide hoch, als das Telefon klingelte. Die Mutter wollte aufspringen, doch der Junge griff nach ihrer Hand, hielt sie fest, mit Kraft. Aber wie kräftig er war, dachte sie erstaunt. Sie ließ es klingeln.

Langsam war es an der Zeit, die Vorbereitungen für das Essen morgen voranzutreiben. Der Junge musterte seine Mutter. »Zieh dir was an, Junge«, sagte sie. Sie sah durch ihn hindurch in den Hof, ganz in Gedanken. »Und geh an die Luft.«

Dann wendete sie sich wieder der Gans zu, sah aber aus dem Augenwinkel noch, wie er die Treppe nach oben schlich.

Als sie mit dem Futterwagen durch die Reihen gefahren war und das Heu in den Ställen verteilt hatte, trat sie auf der Rückseite aus dem Stall, um über die Felder nach dem Wetter zu sehen. Der Regen fiel wie eine Wand vor ihr herunter.

Sie hörte ihren Sohn hinten bei den Hasen. Sie wollte zu ihm gehen und ihn bitten, ihnen neues Stroh zu machen, aber etwas hielt sie ab.

Rechts von der Scheune begann der Wald. Sie konnte ihn riechen, feuchte Wege, eine verlassene Bank, von deren Holz die Farbe blätterte, auf dem Boden vermoderte Blätter und Äste, die glitschig waren, wenn man darauf trat. Sie hörte den Wind, der in Böen durchs Blattwerk fuhr wie durch einen Schopf. Früher hatte der Vater dort Brennholz geschlagen. Sie wurde das Gefühl nicht los, dass der Wald sie beobachtete.

Zum Mittag gab es wieder nur Brot mit Schmalz und von der Suppe. »Ich habe keinen Hunger«, hatte ihr Junge gesagt. In seiner Stimme klang etwas an, doch im Raum blieb nur das Rauschen des Ofens, wie zwei Menschen leise schmatzten und mit den Löffeln über die Teller kratzten.

Dann klingelte das Telefon erneut. Als sie seinen Griff diesmal abschüttelte, rannte er beleidigt davon.

»Junge!«, rief die Mutter hinter ihm her. Er stürmte ohne Jacke aus dem Haus. Sollte er sich doch austoben, dachte sie. Am Apparat war die Lehrerin, sie bat um ein Gespräch. Dringend.

Nun gut, sie konnte den Hof nicht allein lassen, die Lehrerin verstand. Durchaus, sagte sie. Dann würde eben sie zu ihr kommen, nach draußen, kündigte die Frau an. Die Mutter hatte wohl nicht den richtigen Moment erwischt, um zu widersprechen.

Sie nahm sich einen zweiten Teller Suppe und tauchte das Brot tief auf den Grund. Sie musste nachdenken.

Zwei Stunden lang war sie mit den Vorbereitungen für das Essen am Sonntag dann so beschäftigt, dass sie ihren Sohn und sogar den angekündigten Besuch vergaß. Das Silberbesteck musste geputzt, der Tisch ausgezogen und das Mittelteil eingefügt, die frisch gewaschenen Gardinen in der Stube aufgehängt werden. Es roch bald überall nach Waschmittel.

Dann füllte sie die Gans mit dem Brei aus Semmeln, Zwiebeln und Äpfeln und stellte die weiteren Zutaten für den Sonntag zurecht.

Im Kuhstall trampelten die Tiere ungeduldig auf dem Beton, sie war spät dran mit dem Futter. Es hatte aufgehört zu regnen. Letzte Tropfen ließen sich von den Blättern fallen, schlugen platschend in den Schlamm. Sie pfiff nach dem Hund, doch er reagierte nicht. Dann ging sie ohne ihn in den Stall.

Als Mädchen hatte sie den Kühen Namen gegeben und geweint, wenn eine verkauft oder zum Schlachter gebracht wurde. Als ihre Eltern gestorben waren, die Mutter schnell nach dem Vater, war sie in das alte Zimmer der Eltern gezogen, sonst hatte sich kaum etwas geändert. Der Junge hatte sehr an seinem Großvater gehangen. Und der Großvater an ihm. Er hatte seinen Enkel schon als Fünfjährigen mit zur Jagd genommen und ihm gezeigt, wie man Rehe erlegte und Hasen schoss. Im Verschlag hatten sie die Tiere ausgenommen, ihre Angeln bestückt, Fallen gebaut. Jetzt saß der Junge meist allein in der Holzhütte.

Er schlüpfte ins Haus und ging ins Bad. Er wusch sich die Hände, schob auch den Dreck unter den Fingernägeln mit der stumpfen Seite einer Schere weg. Der Finger verfärbte sich langsam gelb. Er war so dick wie der Daumen und ließ sich nicht strecken. Gebrochen, vermutete er. Der andere hatte gebüßt dafür. Er blickte sich lange im Spiegel an, ohne zu Blinzeln. Er nahm dann beide Hände und drückte auf seine Augen, bis Blitze kamen.

Die Mutter hatte das Kleid angezogen, das sie auch sonntags in der Kirche trug. Die Lehrerin aus der Stadt trug einen braunen Pullover und Jeans. Sie hatte Locken und blasse Katzenaugen, die Mutter bat sie in die Stube und stellte ihr ungefragt eine Tasse Tee hin.

Die Mutter hörte kaum zu, sah nur auf den Mund, der sich öffnete und schloss, verstand nicht, was die Lehrerin von ihr wollte. Sie mochte auch keine fremden Menschen in ihrer Stube, ihre Gedanken wanderten mal hier-, mal dorthin, der Raum fühlte sich anders an als sonst, als wäre er an den Rändern ausgefranst. Ihr schlechtes Gewissen verwandelte sich, während die fremde Frau aus der Stadt zu ihr sprach, in Trotz.

»Gestern ist es zu einem Vorfall gekommen«, sagte die Lehrerin, »der mir Sorge macht.« Es war ungewöhnlich still im Haus. Sie hörte, wie sich der Wind an etwas auf dem Dach verfangen hatte und sich pfeifend daran rieb. Die Mutter musste plötzlich lächeln, obwohl das auf die Lehrerin sicherlich einen seltsamen Eindruck machte.

Bald stand sie auf, um die Frau zu verabschieden. Vielen Dank, dass Sie zu uns nach draußen gekommen sind, sagte die Mutter. Sie war manchmal ganz weit weg von sich. Dann sah sie von da aus auf sich hinab, wie sie der Lehrerin die Hand reichte und nicht wusste, welche Worte man benutzte, in welcher Reihenfolge. Ich habe viel zu tun, morgen kommen die Gäste. Vielen Dank, sagte die Lehrerin. Ja, ich werde mit ihm sprechen. Vielen Dank.

»Stimmt das?«, fragte sie, als sie mit dem Sohn und einer heißen Milch in der Küche hockte, »Dass du den anderen so arg gebissen hast?«

Ihr kleiner Junge neigte den Kopf seitlich, schaute die Mutter von unten an.

»Ich habe ihn bestraft, damit er die kleinen Jungen nicht mehr ärgert«, sagte ihr Sohn.

Ein Hund bellte, aber ihr eigener antwortete nicht. Der nasse Himmel hatte den Tag ausgewischt. Sie legten sich schlafen, nebeneinander, ausnahmsweise, und hielten sich. Der Junge brauchte sie doch. Über den Gedanken schlief sie ein.

Er starrte lange in die Dunkelheit und hörte seiner Mutter beim Atmen zu. Er konnte noch nicht in Worte fassen, was gestern mit ihm passiert war, was er heute getan hatte. Er sah den Hund vor sich. Er fühlte die Wärme des Körpers noch an seinen Fingern. Er hatte vielleicht etwas begriffen. Über sich, über das Leben, und auch über die Dinge, die es noch herauszufinden galt. Und über den Schmerz, den andere fühlten, den er fühlte. Es gab da einen Unterschied. Er roch an seinen Händen. Er versuchte, die unterschiedlichen Gerüche auseinanderzuhalten, er fasste sich auch da unten an, roch erneut an den Händen, schnüffelte an den Laken, am Ärmel seines Pyjamas. Die Welt war groß und kalt. In ihrem Haus aber war es am kältesten. Er rückte sich näher an die Mutter heran, trat die Wärmflasche dabei mit den Füßen aus dem Bett. Wie anders sich Wärme anfühlte, die lebte. Er dachte an Tiere, die riesigen, eckigen Körper der Kühe, die kleinen Hasen, dachte an Heizkörper, an das Feuerzeug unter seiner Hand, den Körper des Hundes. Er sah die Hand seiner Mutter in der Gans verschwinden. Er sah ihr Gesicht, das ihm zulachte, als sie die Innereien ins Waschbecken tropfen ließ. Er lag so die ganze Nacht, drehte sich auch nicht, als der Arm einschlief, zu pochen anfing, sich dann wie ein fremdes Körperteil anfühlte, das leblos vor ihm auf dem Kopfkissen lag. Er hätte diesen Arm abschneiden können, mit einem sauberen Schnitt aus der Schulter heraus.

In der Nacht, in ihrer Mitte, an ihrem kühlsten und ruhigsten Punkt, war die Mutter aufgewacht und, vor Schlaf taumelnd, ins Bad gegangen. Sie wollte ihren Sohn nicht wecken.

Sie dachte an sich als junge Frau. Aus dem Küchenfenster warf sie einen Blick in den Hof. Da unten im Grau der Nacht regte sich nichts. Der Wind hatte sich gelegt. Kein Baum winkte ihr mit seinen Ästen. Sie schlich zurück in ihr Bett. Der Junge sah fremd aus, mit den Schatten der Nacht im Gesicht, fast unheimlich. Er roch nach Erde. Da war noch etwas, aber bevor ihr einfiel, woran es sie erinnerte, war sie wieder eingeschlafen. Der Wald stand draußen wie eine Wand und wartete.

Am nächsten Tag lag Frost über allem. Der Frühling ließ sich Zeit in diesem Jahr. Der gefrorene Matsch knisterte unter ihren Schuhen. Ihr war das nur recht.

Roland Koch
NIE WIEDER

Es gibt einen Rest Gemüsesuppe mit Markbällchen, sie essen in der Küche. Sein Vater bekommt ein kleines Steak dazu, und seine Schwester schlägt ungeduldig mit den Füßen gegen die Stuhlbeine. Das Fenster steht auf Kipp, es zieht kalt herein.

Ich habe wieder die ganze Nacht kein Auge zugemacht, sagt seine Mutter.

Ich bin seit vier Uhr wach, seufzt sein Vater.

Sie nehmen ihre Tabletten, und sein Vater geht nach oben zum Mittagsschlaf.

Wenn ich den Kassettenrecorder bekomme, denkt der Junge, nehme ich alles auf, die Gespräche beim Essen, das Schniefen des Hundes an der Küchentür, das Knarren der Treppe, das wird wie in einem Krimi.

Der Hund darf endlich herein, und er saugt mit seiner Nase an der Handfläche des Jungen. Er beobachtet seine Mutter, die den Schrank unter der Spüle öffnet, der vollgestopft ist mit Schuhen, Lappen, Bürsten und Flaschen.

Wo ist denn der Klarspüler, schreit sie.

Er merkt, wie seine Schwester nebenan den Fernseher einschaltet, er hört die Musik, heute kommt die letzte Folge, und er wollte sie eigentlich anschauen. Er sieht die Krähen auch so, die etwas Dunkles und Geheimnisvolles umkreisen, als wüßten sie Bescheid.

Seine Mutter beginnt, die Spülmaschine einzuräumen, und er geht hinüber ins Wohnzimmer, wo es warm ist, der geschmückte Weihnachtsbaum schief in seinem Ständer steht und von draußen nur Dunkelheit zu sehen ist, feuchtes, kaltes Wetter, tiefhängende Wolken und die kahlen nackten Bäume im Garten.

Wir gehen um halb sieben in die Kirche, ruft seine Mutter. Danach Bescherung und dann Essen.

Der Junge liegt mit dem Rücken auf dem Teppich und schaut von unten auf den Fernseher. Er sieht die Pflanzen auf der Fensterbank, draußen die gelbe wellige Plastikwand, die Schaukel, die Garage.

Seine Schwester ißt Weingummi, und ihn stört der Geruch, ihn stört seine Schwester, die an nichts anderes zu denken scheint als an die Sendungen, an ihre Geschenke, an die Faulheit der Ferien. Sie sitzt mit angezogenen und gespreizten Beinen auf dem Sofa mit einem Gesichtsausdruck, der sie unangreifbar macht.

Wenn ich den Kassettenrecorder schon bekommen hätte, würde ich die Melodie aufnehmen, denkt er.

Er ist zehn, und er hat nur ein Radio. Er wird das Gerät anschließen und aufnehmen, was er möchte. Er hat seinen Eltern gesagt, er könne mit dem Kassettenrecorder Vokabeln lernen. Er glaubt nicht, daß sie ihm glauben. Das Gold ist gefunden, und er hat den Schluß nicht mitgekriegt.

Seine Schwester läßt den Fernseher weiter laufen, eine laute Kindersendung beginnt, sie hat die Programmzeitschrift vor sich und wird den ganzen Nachmittag fernsehen, bis die Eltern es verbieten.

Der Junge freut sich auf die Ferien. Er wird morgens Brötchen holen, und sie werden vielleicht Schlitten fahren können. Nur die Kirche ist doof, er muß eine Wollhose tragen, und heute dauert es besonders lange. Am zweiten Feiertag muß man noch mal gehen, und dann wieder am Samstag abend. Morgen kommt der Großvater zum Essen, und er muß einen Diener machen. Er war gestern schon zur Beichte, er hat gesagt, daß er seine Schwester geärgert hat und Georg nicht verzeihen kann, der ihm die

Fahrradtasche geklaut hat. Er hat nicht alles erzählt. Er hat ein paar Gebete aufgesagt.

Sein Vater tappt ins Wohnzimmer wie ein Blinder, in einer Schlafanzughose und einem Pullover, als habe er vergessen, wer er ist und wo er wohnt. Er riecht süßlich, als gäre irgend etwas in ihm, das nicht herauskann.

Wir haben das Auto nicht gewaschen, sagt er gähnend.

Der Junge geht mit dem Hund nach draußen, als er zurückkommt, trinken die Eltern in der Küche Tee und essen Kuchen. Er will nichts.

Du hättest ja auch mal den Keller aufräumen können, sagt seine Mutter.

Wer geht mit zum Friedhof? fragt sein Vater.

Der Junge spürt ein Loch, eine Lähmung, etwas, das ihn erwürgt und den Antrieb lähmt. Er geht in sein Zimmer und hört, wie die Eltern sich dumpf beratschlagen. Er hört das Reißen von Verschlüssen, das Poltern von Schuhen, das Schimpfen seiner Schwester, seinen Vater, der im Windfang nach einem Schirm sucht, die Kellertür, die Klospülung, die nur seine Mutter so heftig betätigen kann, dann wird die Haustür zugezogen, und die Eltern sind weg.

Er sieht aus dem Fenster in den nassen Garten, er bemerkt nicht, daß es bald dunkel wird, er sieht das Garagenfenster, die verzinkten Rohre des Klettergerüsts, die Waschbetonplatten, er riecht, daß er nicht gelüftet hat und schreit vor Freude auf: keine Schule, keine Hausaufgaben, nie wieder Kommunionunterricht in den Ferien! Er denkt an die Geschenke vom letzten Jahr. Seine Schwester hat viel mehr bekommen, aber das ist, weil sie ein Mädchen ist, sagen die Eltern. Er mußte seine Flöte an sie abgeben, weil sie musikalischer sei. Er sieht das alles ein.

Er legt sich aufs Bett, zieht die Hose herunter, die lange Unterhose läßt er an, holt seinen Penis heraus und reibt ihn an der

Bettdecke, es ist, wie eine Musik zu hören, etwas zu schmecken, plötzlich schnell davonzureiten, alles gleichzeitig, er reibt und reibt sich weg aus dem Zimmer, es ist beinahe ein Schmerz, ein schöner Schmerz. Er denkt, er ist eine Krähe und fliegt immer um den Berg herum, bis er etwas schimmern sieht.

Was machst du denn da? fragt sein Vater.

Er steht in der Tür und starrt ihn an, sein Mund ist leicht geöffnet, als habe er etwas gefunden, an das er lange nicht mehr gedacht hatte.

Sie müssen umgekehrt sein, oder ist es schon so spät, warum habe ich nicht abgeschlossen, denkt der Junge.

Der Vater hat die Tür angelehnt und ist wieder verschwunden, aber man hört ihn im Flur und im Treppenhaus auf und ab knarren.

Vielleicht ist gar nichts passiert, denkt der Junge. Vielleicht ist der Vater noch auf dem Friedhof. Er sieht den Namen des Vaters in goldener Schrift auf dem schwarzen, glänzenden Grabstein.

Er hört die Eltern sprechen, der Fernseher läuft immer noch, aber sie denken nicht mehr an seine Schwester. Er sieht das kleine Zimmer mit dem Klappbett, dem Waschbecken, den Filzteppichfliesen, der tütenförmigen, bronzefarbenen Wandlampe an, als müsse er jetzt sein ganzes Leben hier verbringen.

Er sieht sich selbst in einem Lichtschein stehen, in einem dunklen Gewölbe, er ist verletzt und trägt einen Verband, aber er hat gewonnen. Er braucht gegen niemanden mehr zu kämpfen, er ist allein. Er soll etwas abschreiben, aber keiner kann ihm etwas befehlen.

Seine Mutter kommt, sie heult, aber das macht ihm keine Angst mehr.

Der Kassettenrecorder ist gestrichen, sagt sie. Das ist eine schlimme Sünde, das darfst du nie wieder machen. Du darfst auch kein Fernsehen mehr gucken. Du darfst auch nicht zur Kommunion gehen. Du mußt mehr Sport treiben, dich mehr bewegen, dich abhärten! Kommt das durch diese Musik, die du jetzt immer hörst?

Er beginnt damit, nicht zu weinen, er hält es aus, das anzuhören, sein Verbrechen zu betrachten, seine Schuld wie einen Berg vor sich zu sehen, den er nicht überwinden kann. Er spürt, wie er langsam hinter dem Berg unsichtbar wird und auch seine Mutter nicht mehr erkennen kann.

Sie geht, und sein Vater löst sie ab.

Er schämt sich, weil sein Vater ihn nicht in Ruhe läßt.

Hat dir das jemand gezeigt? fragt er. Jemand in der Schule? Wie bist du denn darauf gekommen? Das ist ungesund. Du mußt damit aufhören.

Er muß versprechen, damit aufzuhören.

Sein Vater erträgt es nicht und geht wieder, sie lassen ihn jetzt allein, er gehört nicht mehr zu ihnen.

Vielleicht kann ich es ja zwei Tage lassen, denkt der Junge, dann ist es wieder gut. Er bereut nichts, er läßt die Rolläden herunter, als würden sie ab jetzt für immer geschlossen bleiben.

Er muß nicht mit in die Kirche, sie lassen ihn zu Hause und reden nicht mit ihm. Er darf erst herunterkommen, als die Bescherung vorbei ist und seine Schwester ihre Geschenke bekommen hat. Sie haben ihr erzählt, er habe in die Hose oder ins Bett gemacht, sie sieht ihn triumphierend an.

Er denkt daran, wie er einmal, mit zwei oder drei, durch die Stäbe des Gitterbetts auf den Teppich gepinkelt hat, es war, als habe ihm jemand das im Traum befohlen. Es gibt jemanden, der alles befiehlt.

Er muß essen und dann ins Bett, er hört die anderen nicht mehr, er sieht unter dem Türspalt kein Licht, er ist allein, und er fühlt sich stark.

Er denkt an den Deutschlehrer mit dem schroffen östlichen Akzent, der ihn schlägt und vor der Klasse anschreit, ihm zu Beginn der Stunde Kopfnüsse gibt, da er sicher irgend etwas getan habe, oder natürlich nichts wisse, er hat keine Angst mehr vor ihm. Manchmal war die Angst so tief, als ströme alles aus ihm heraus, Flüssigkeit, Pipi, Blut, Spucke, alles, was er in sich hat. Manchmal war die Angst so, daß er sich in der Toilette eingeschlossen und geweint hat. Manchmal ist er sogar weinend nach Hause gekommen. Das ist vorbei.

Ein paar Mal hat er es nach dem Schwimmunterricht in der Umkleidekabine gemacht. Wenn er die nasse Badehose auszieht, spürt er plötzlich ein sausendes Geräusch, als wäre er freigelassen und könne gehen und fliegen, wohin er will. Er deckt sich zu und betrachtet die Tapete; früher, wenn er Fieber hatte, sah er in ihrem Muster Gesichter, Fratzen, verzerrte, verrenkte Tiere, aber jetzt sind da nur die sich wiederholenden Rechtecke und Linien.

Sie sagen ihm nicht Gute Nacht, aber das braucht er auch nicht, er bleibt wach, bis sie alle im Bett sind, bis er die erstickten Stimmen der Eltern von nebenan hört, die Mädchenstimme seiner Mutter und das weinerliche Anworten seines Vaters.

Er hört seine eigene Stimme gepreßt und hohl.

Ich will es nicht mehr wieder tun, sagt sie.

Er träumt, daß er fliegt, segelt, nicht mehr herunterkommen, für immer dort oben gleiten kann.

Bernd Hans Martens
Erster Hauptsatz der Liebe

Auf dem Balkon, im Hin und Her ihrer Schritte, wurde sie gesprächig, erzählte sich die übelsten Dinge, immer noch einmal, als würde sie sich selbst nicht verstehen. Manchmal lauschte sie zum Fluss in die Nacht hinein und suchte das Motorengeräusch, das sie so gut kannte. Wenn das Fischerboot ihres Mannes auf der Stelle zu tuckern schien, begann sie traurig in sich hineinzugickeln. Ihr katziges Lachen hielt mich wach.

Ich verbrachte die Sommerferien bei meiner Großmutter in Kleinende an der Elbe. Sie war noch jung, zu jung für eine Oma, sagte sie. »Nenn mich Ama! Das klingt besser!«

Wir lachten, gemeinsam gelang es.

Der Fluss war abgründig und zweigeteilt, wie das Land drumherum. Ama verglich ihn mit den Empfindungen ihres Mannes im Morgengrauen. Dann war Robert zurück. Er roch nach Wels. Sie hasste diesen Fisch. Und noch etwas roch Ama: Den kalten Duft der Brake mit Spuren von becircender Weiblichkeit. Letzteres stach ihr von Nacht zu Nacht tiefer in die Nase.

»Sag Bescheid, wenn es mit uns zu Ende ist!«, rief sie im Nachthemd lauernd, als ihre Nacht wieder einmal zur Tortur geraten war. Robert sagte nichts. Er zog sie an sich, trug sie ins Bett, noch im Gehen schob er ihr das Nachthemd hoch bis unter die Ärmel.

Erst gegen Abend ging der Flussfischer wieder an Bord. Er wusste, nur auf dem Wasser wiesen seine Füße exakt zum Erdmittelpunkt. Das war Robert wichtig. Der Himmel war ihm egal, drei Mastlängen oberhalb seines Kopfes überließ er ihn den Möwen und den Hubschraubern der Grenzer, mal der einen, dann wieder der anderen Flussseite. Oft fischte er nachts. Manchmal durfte ich dabei sein, wenn die Welse entdeckten, dass die Welt nicht nur aus Wasser bestand und zappelig wurden. Viel Zeit für ihre neue Weltsicht blieb ihnen dann nicht mehr. – Robert hatte das Schleppnetz ausgesetzt und war schräg in Richtung Flussmitte gefahren. Vielleicht war es der Ruck in der Schleppleine, vom sperrigen Treibgut hervorgerufen, der ihn das Netz vorzeitig einholen ließ.

Keinen Augenblick zu früh.

Als das Netz längsseits zum Boot lag, er den Fang mit einem schnellen Blick abschätzte, schrie der Fischer diesmal zum Himmel auf. Robert hatte einen Menschen gefangen. Seinen ersten, erzählte er später. Auf der Stelle begann er mit der Wiederbelebung. Hielt ihm die Nase zu, presste seinen Mund auf die Lippen und versuchte die Mund-zu-Mund-Beatmung, wie er es für die Führerscheinprüfung gelernt und längst vergessen hatte. Er gab nicht auf, aber nur, weil er wahrgenommen habe, dass er es mit einer Frau zu tun hatte, wie Ama später richtig vermutete.

Dunkel war es wie im Niemandsland. Nur ein Positionslicht warf einen steuerbordgrünen Schimmer auf den nah am Tod arbeitenden Fischer. Irgendwann kam stoßweise Wasser aus der Frau, wie bei jeder Neugeburt. Sie schlug die Augen auf, schrie aber nicht, als Robert ihr in die Hüftbeuge griff und sie auf den Bauch legte. Bald saßen wir in der Kajüte, die Frau in ausrangierter Fischerhose, schlürften Tee, nur unterbrochen vom Gestammel der Geretteten.

Dabei kenne sie die Gegend da unten, ließ sie uns wissen. Kaum Schlammlöcher im ufernahen Gewässer, keine Stromwirbel in der Flussmitte und ein steil ansteigender Prallhang auf der anderen Seite. Vor Jahren schon war sie von dem einen ins andere Grenzland getaucht. Auch dort gefiel ihr vieles bald nicht mehr. Da war sie zurückgeschwommen, um festzustellen, dass sie es auf keiner Seite lange aushielt. So begann das Flusspendeln. Wenn sie von der einen Seite genug hatte, trieb es sie auf die andere. Bald musste sie immer öfter unterwegs sein.

Da fand auch Robert die Sprache wieder: »Sie wollen doch wohl in diesem Zustand nicht einreisen? So kurz vor Mitternacht! In welche Richtung sind Sie überhaupt unterwegs?«

Er wickelte sie in seine Kojendecke und schickte mich zum Schlafen in die Vorpiek. Robert brühte erneut Tee auf. Ich hörte durch das Schott, wie sich Marlena bei ihrem Retter umständlich bedankte.

»Schon gut! Was blieb mir anderes übrig?«, hörte ich seinen Bass. »Doch deine Lippen, so seeampferweich, so fruchtig und so …« Marlena ließ ihn nicht ausreden. Auch nicht lange zappeln. Sie verlangte nach Taten. Die Gier nach Leben wird mit ihr durchgegangen sein, nachdem sie dem Tod von der Schippe gesprungen war. Sie riss Robert mit. So hörte es sich an.

Laut war ihre Nacht und voller Gewimmer, als kämpfe Marlena noch einmal mit dem nassen Tod und würde von meinem Großvater dabei unterstützt. Noch vor der Morgendämmerung schrillte der Wecker. Marlena musste sich beeilen, um acht Uhr begann ihre Arbeit als Melkerin in der LPG. Robert lichtete den Anker und fuhr zur Flussmitte. Bei Kilometer 611, der Deich bog hier nordöstlich ab, drängten ihre Körper ein letztes Mal zueinander. Sie sagten sich Vielversprechendes ins Ohr, so sah es aus. Marlena schnallte ihren doppelt beschichteten Plastesack auf den Rücken, legte den Schnorchel an. Schon glitt die verliebte Grenzschwimmerin über Bord. Unauffällig, ein winziges Aufschmatzen des Flusses nur. Und weg war sie.

Zu Hause fragte Ama nach dem Fang, wie immer. »Ungewöhnlich«, sagte Robert. »Aber gut!« Wir gingen alle ins Bett. Bald hörte ich heftige Bewegungen durch die Wand, wie ich sie schon manchmal gehört hatte, und plötzlich war mir klar: Auch das waren Laute der Liebe. Ich stellte mir vor, wie Robert auf seine unkomplizierte Art Amas Nachthemd bis unter ihre Arme krempelte. Und ich sah mich mitkrempeln, doch aus Ama war Janine geworden, das Mädchen, das in der Manglerei aushalf, zu der ich Amas Bettlaken gelegentlich hinbrachte. Ihr schob ich immer wieder das Nachthemd hoch, auch noch, als es hinter der Wand längst ruhig geworden war. Die Liebe! Ich wusste es jetzt, das war Bewegung in Kopf und Körper. Ich hatte den ersten Hauptsatz der Liebe entdeckt.

Robert fischte nur noch nachts. Es brachte ihm bald mehr als nur Welse und ein paar Neunaugen ein. In Flussmitte, auf Höhe des Kilometers 611, musste Robert zur verabredeten Zeit nicht lange fischen. Schon wird ein fordernder Ruck durchs Schlepptau gegangen sein. Zügig, mit zärtlichem Geschick, holte der Fischer das Netz ein. Bald habe sich der Kopf mit Schnorchel und Taucherkappe neben dem Schiffsrumpf gezeigt, erzählte mein Großvater später. Er nahm den kostbaren Fang an Bord. Wie mag er geschaut haben, als ein Männerkopf unter der Taucherkappe hervorkam, sich die Nässe vom Leib schüttelte und ihm die Hand gab?

Der Mann war auf dem Wasserweg von Wittenberge nach Uelzen. Der Lauf der Welt habe ihn in den Osten gebracht, erzählte er. Nun hole ihn der Tod in den Westen zurück. Seine geliebte Mutter müsse er leider beerdigen. Robert murmelte sein Beileid und mahnte zur Eile. Der Mann kramte in seinem wasserdichten Beutel und stand bald im schwarzen Anzug neben dem Fischer im Ruderhaus. Kurz vor der Hafeneinfahrt, der Trauernde drückte Robert einen Brief in die Hand, bedankte sich für die Hilfe und richtete, bereits von Bord gegangen, Grüße von Marlena aus.

Robert strich seine grobporigen Finger über den Umschlag. Briefe waren ihm immer suspekt gewesen. Sie wird Überstunden machen müssen, wird er sich eingeredet haben. Spontane Plansoll-Übererfüllung bei der Milchproduktion. Oder Schlimmeres vielleicht. Aber was? Er bemerkte, dass der Brief unverschlossen war und griff hinein. Mit zwei großen Geldscheinen zwischen den Fingern kam seine Arbeitshand wieder hervor. Vielen Dank für die Passage, stand auf einem Zettel, den Ama dann später hinter dem Gewürzbord hervorzog. PS: Ich kann mir vorstellen, Ihren nächtlichen Unterwasserdienst auch in Zukunft zu nutzen.

Endlich einmal eine brauchbare Geschäftsidee aus dem sozialistischen Lager, will mein Großvater laut über den Grenzfluss gerufen haben. Er setzte sofort das Schleppnetz aus. Behutsam zog das Fischerboot am Flusskilometerstein 611 vorüber. Ungezählte Male und kein Rucken an der Schleppleine. Mehrmals holte er ein, obwohl er wusste, dass nichts als ein paar kleine Welse im Netz liegen und sich langweilen würden. Mitternacht war fast erreicht, immer mehr Lichter funkelten landseitig auf, als es dreimal kurz am Schlepptau ruckte. Marlena kam an Bord, gut durchblutet, mit hochtourigem Puls stand sie vor Robert. Sie hatte Umwege schwimmen, auch häufig und lange wegtauchen müssen, war schließlich verdriftet worden von der Turbulenz falscher Untiefen. Die Grenzer benahmen sich wie aufgescheucht. Sie verdächtigten jeden verbliebenen Uferknick, horchten den Fluss ab. Ja, forderten die Wellen auf, stehen zu bleiben.

Bald hatten sich auch die verhassten Kollegen von der anderen Flussseite anstecken lassen. Das Virus der Voreingenommenheit sprang im Scheinwerferlicht hin und her. Blaulicht irrte herum, wechselte ins Grüne, dazwischen orangenfarbiges Geflacker zu Lande, auf dem Wasser und in der Luft.

Ob er Udo Gerkens erwischt habe, wollte Marlena wissen, kaum, dass sie sich den Schnorchel herausgezogen hatte. Er sei ihr Brigadeleiter und neuen Vertriebsmethoden aufgeschlossen.

Gleich nachdem der Anker gefallen war, legte sich das Paar zueinander. Sie werden sich keine Ruhe gegeben haben, bis das Nachbeben der Liebesnacht sie im Morgendämmer alltagsfromm werden ließ. So stellte ich mir eine Kajütenliebe vor.

Wenige Tage darauf nahm Robert vom linksseitigen Fluss einen Lehrer aus dem Netz. Er hatte sich drüben an einer Schule informiert. Eine Universalfräserin vom rechtsseitigen Fluss wollte sich hüben das Theaterleben ansehen und tat es auch. Eine Sekretärin von drüben hatte sich kurzfristig für eine Wanderung durchs Elbsandstein-Gebirge entschieden. Die Preise waren angemessen, für Schüler und Studenten die Hälfte, Rückreise inklusive. Der Fischer konnte bald vom Fährbetrieb leben, hatte gelegentlichen Beifang im Netz: junge verstörte Welse, glitschige Neunaugen, aus der Form geratene Kondome. Ama wollte sich über die gutgefüllte Haushaltskasse nicht beschweren, aber soviel Geld für so wenig angelandete Fische – das konnte nicht sein. Zu oft stach ihr das Bukett einer verlangenden Frau in die Nase. Schon am Abend davor, wenn sie vom Balkon das Bootstuckern erahnte oder schlimmer noch, die Stille, nur durch Wellenschwappen gegen das ankernde Fischerboot unterbrochen, wusste sie, was ihr angetan wurde.

»Warum DIE nun auch noch!«, rief Ama ihrem Mann entgegen. Sie ließ sich nicht mehr das Nachthemd hochkrempeln. »Was willst du«, sagte Robert. »Du bist eine gute Frau.« Er nickte ihr zu. »Tagsüber!«

Ama schloss die Augen. Als sie sie wieder öffnete, war ihre Welt ein karger, unwirtlicher Planet am äußersten Rand jeglicher Hoffnung. Sie rannte zum Hafen hin, band das Boot los und stieß es mit einem mächtigen Stiefeltritt ab. Sogleich wurde es von der Strömung erfasst und nicht mehr gesehen. Amas Rückweg führte sie zur Manglerei, wo sie als Plätterin Arbeit bekam.

Doch am Grenzfluss machte sich nie wieder die Leere breit.

Aiko Onken
Ich glaube, nach Amerika

Ich lag ausgestreckt auf der schmalen Koje dicht unter der Kabinendecke und war mir sicher, dass die Fahrt kein gutes Ende nehmen würde. Die Kajüte schwankte in einer gleichschenkligen Bewegung, hoch, runter rechts, runter links, von vorn. Durch das kreisrunde Fenster in der Außenwand sah man abwechselnd Wasser und Luft, beides war schwarz, die Gischt dazwischen war weiß. Wellen schlugen wie eine flache Hand gegen das Glas, das dick und vertrauenerweckend war, aber ich traute ihm nicht. Auf der Pritsche unter mir lag mein alter Vater und schlief.

Am Nachmittag war die See noch ruhig und glatt gewesen. Sie lag da wie ein dicker blauer Teppich, der am Ende mit dem wolkenlosen Himmel zusammenstieß. Die schmale Linie, die man den Horizont nennt, war schnurgerade, und ich fragte mich, ob es stimmen konnte, dass die Erde eine Kugel war. Wir standen auf dem Oberdeck, und ich wollte wissen, wie das Schiff sich bewegte, es ging kein Wind und das Schiff hatte keine Segel. Ein schöner, schlanker Steward in einer leuchtend blauen Uniform ging vorbei, und ich fragte ihn. Seine Haare waren blond und strubbelig und seine Augen riesengroß und blau.
– Warst du schon mal schwimmen, fragte er.
　Ich nickte.
– Da bewegst du dich, indem du kräftig mit den Beinen paddelst, sagte er.
　Ich nickte.
– Hier ist es genauso, sagte er, unten im Maschinendeck sind ganz viele Menschen, die sind bis zum Bauch in den Rumpf des Schif-

fes eingelassen, ihre untere Hälfte ragt nach draußen ins Wasser. Sie strampeln alle zusammen kräftig mit den Beinen, und so bewegen wir uns voran.

Der schöne, schlanke Steward strahlte mich an. Ich drehte mich um und sah zu meinem alten Vater auf, der sich nicht traute, in Gegenwart des Stewards zu widersprechen. Als ich auf einem hölzernen Liegestuhl in der Sonne einschlief, träumte ich, dass große Fische aus der Tiefe des Ozeans aufstiegen und den Menschen im Bauch des Schiffes die Beine abfraßen, die schutzlos aus der stählernen Hülle ragten.

Am Abend saßen wir im Speisesaal, ich konnte von meinem Platz aus wieder die gerade Linie des Horizonts sehen. Der endlose Himmel oben und das endlose Meer unten wurden langsam dunkler. Das Fenster, durch das ich sah, war nicht rund, sondern groß und viereckig, auf der Fensterbank stand eine Sektflasche in einem Flaschenkühler. Das Schiff schaukelte ein bisschen. Es neigte sich sanft in die Wellen und stieg langsam wieder daraus hervor. Die Spitze des Flaschenhalses sank unter die dünne blaue Linie, kam knapp darunter zum Stehen, verharrte kurz und stieß dann in den leeren Himmel hinein. Ich bekam Orangenlimonade. Mein Vater saß neben mir und sah alt und müde aus in dem gebügelten Hemd, von dem er geglaubt hatte, es dem Abendessen im Speisesaal des Schiffes schuldig zu sein. Als er mit einer gewissen Feierlichkeit die verschrammten goldenen Manschettenknöpfe anlegte, die sein Vater ihm vererbt hatte, und dessen Vater vor ihm, zitterten seine Hände. Mein Vater trank Wein aus einem großen Rotweinglas. Er fasste es sehr vorsichtig an, als er daraus trank, und er erschrak, als er es abstellte und sein verschrammter Manschettenknopf dagegen schlug. Als ich fand, dass das Glas das schönste Glas war, das ich jemals gesehen hatte, hörte mich der schöne, schlanke Steward in der leuchtend blauen Uniform. Er verschwand mit schnellen Schritten und kam mit einem großen Rotweinglas zurück, das er vor mich hinstellte und meine kleine Flasche Orangenlimonade hineinleerte. Er lachte über das ganze Gesicht, kniff die blauen Augen zusammen, zerstrubbelte mir das Haar und war verschwunden, ehe mein Vater verschämt die Augen niederschlagen konnte. Ich trank aus dem feinen Glas und sah dem Flaschenhals auf der Fensterbank zu, dessen Sinken nicht mehr dicht unter dem Horizont Halt machte, sondern tief nach unten in das dunkelnde Wasser glitt und beim Auftauchen nur noch knapp über die dünne Linie hinausgelangte. Du wirst es gut haben, sagte mein Vater zu mir und strich mir die Haare glatt, die der schöne, schlanke Steward zerstrubbelt hatte. Die Orangenlimonade stieg schäumend in meiner Kehle auf. Wir bekommen heute Nacht noch Seegang, sagte mein alter Vater.

Das Schiff machte seine dreieckige Bewegung, rauf, runter, links, von vorn. Die Wellen hämmerten gegen die Kabinenwand. Unter mir lag mein Vater und schlief, und ich konnte nicht begreifen, wie er schlafen konnte, während er in einem ausgehöhlten Metallkessel im Ozean trieb, mit dem das schwarze Wasser machte, was es wollte. Ich stieg aus dem Bett und trat auf den Boden, der sich unter mir von einer Seite auf die andere warf. Ich öffnete die Tür. In dem Lichtschein, der aus dem Korridor in die Kajüte fiel, lag mein Vater und sah aus wie eine Musterfigur für die Ware guter Schlaf. Er lag auf dem Rücken, ganz ordentlich, ganz sortiert, der Mund fest geschlossen und die großen Hände auf der Bettdecke neben ihm. Ich schloss die Tür, der schmale Korridor mit dem dicken Teppich wand sich unter mir. Das Schiff schlief, der Speisesaal war dunkel, nur an einem Tisch brannte Licht, da saß der schöne, schlanke Steward. Seine leuchtend blaue Uniformjacke hing hinter ihm über der Stuhllehne, sein blütenweißes Hemd war aufgeknöpft. Seine blaue Krawatte hing um den

Hals der Frau, die auf seinem Schoß saß und ihr Kleid bis zu den Schenkeln hochgeschoben hatte. Eine leere Flasche rollte über den Boden und mir vor die Füße, als das Schiff von unten rechts nach unten links sackte. Ich hielt mich am Türrahmen fest. Der Steward sah der Flasche nach und landete mit dem Blick vor meinen Füßen. Er lachte mich an.
– Wo soll's denn hingehen, Sonnenschein, fragte er mich und kniff die blauen Augen zusammen.
– Ich glaube, nach Amerika, sagte ich.

Die Frau in seinen Armen begann so sehr zu lachen, dass sie von seinem Schoß auf den Boden fiel. Er hob sie auf und setzte sie auf den Tisch vor sich, sie ließ sich auf den Rücken sinken und zog an seinem Arm. Er drehte sich zu mir um.
– Warte, ich gebe dir eine Orangenlimonade, sagte er, aber ich wartete nicht.

Über Nacht wurde das dreieckige Schaukeln immer weniger. Es ging nicht mehr so weit hinauf und nicht mehr so weit hinunter. Am nächsten Morgen war die See so straff gespannt wie ein besonders ordentlich gemachtes Bett, wie das Bett, das mein Vater am Morgen machte. Auf dem Tisch im Speisesaal, auf den in der Nacht der Steward die Frau im hochgeschobenen Kleid gesetzt hatte, stand ein Berg Rührei und Schinken, den mein Vater betrachtete wie jemand, dem man etwas vorgesetzt hat, das er nicht bezahlen kann. Der Steward kam mit schwarzen Ringen unter den Augen und brachte mir Milch in einem Rotweinglas, er lachte mich an und zwinkerte. Ich sah zu meinem Vater.
– Wo ist Mutter, wollte ich wissen.
– Mutter ist jetzt ein Engel, sagte mein Vater, das weißt du doch.
– Ja, sagte ich, ich hatte es nur vergessen.

Am dritten Tag erreichten wir den Hafen, und das Schiff sah plötzlich klein aus zwischen den Riesenhäusern. Mein Vater trug meinen großen und seinen kleinen Koffer und hielt ein Taxi an, das uns durch enge dunkle Straßen fuhr. In der engsten und dunkelsten Straße lag das Appartement von Tante Petuny. Es bestand aus einem winzigen Zimmer, einer winzigen Küche und einem winzigen Bad und roch nach Katzenhaaren, Mottenkugeln und Rheumasalbe. Tante Petuny war groß, hager und verwachsen und roch nach Branntwein und Frisiercreme. Vor dem Schlafzimmerfenster ging eine verrostete Feuertreppe in die Tiefe, auf der Tag und Nacht ein paar zerrupfte graue Vögel hockten. Am Tag, nachdem mein Vater meinen großen ausgepackten Koffer auf den Feuertreppenabsatz gestellt hatte und mit seinem kleinen gepackten Koffer abgereist war, brachte Tante Petuny mich in die Schuhfabrik, in der ich von nun an arbeitete. Für meinen Lohn durfte ich bei Tante Petuny schlafen und essen. Ich aß zuwenig und schlief mit Tante Petuny in einem schmalen Doppelbett, und mein Vater hatte gelogen. Ich hatte es dort nicht gut.

Mein Vater schrieb mir Briefe, die Tante Petuny aufriss und las, und ich schrieb meinem Vater Briefe, die Tante Petuny zu lesen verlangte und dann erst eigenhändig zuklebte und abschickte. Schon im zweiten Brief schrieb mein Vater, dass er wieder geheiratet hatte, aber Tante Petuny gab mir den Brief nicht zu lesen. Ich fand ihn erst Jahre später, als sie einmal am Abend unerwartet das Appartement verließ und ich mit einer ihrer Haarnadeln das Nachtschränkchen öffnete, das sie streng unter Verschluss hielt. Ich fand dort auch den Brief, den ich am selben Tag an den Vater geschrieben hatte. Tante Petuny hatte schon eine Briefmarke darauf geklebt, aber der Umschlag war noch nicht verschlossen. Sie hatte mehrere große Dollarscheine zu meinem Brief gelegt und einen kleinen gelben Notizzettel, auf dem in ihrer eckigen Schrift

»Hier kommt der Rest, du gieriges Scheusal« stand. Ich hatte in der Fabrik gehört, dass es auf der anderen Seite des Flusses eine große, glänzende Stadt gab, die voller Licht und voller Leben war, und ich hatte Tante Petuny gefragt, ob wir hinfahren könnten, aber sie hatte gesagt, es wäre zu weit.

Tante Petunys Husten wurde immer lauter und immer rasselnder, und als sie eines Morgens nicht mehr aufstehen konnte, ging ich nicht mehr in die Schuhfabrik. Sie zog Dollarscheine unter der Matratze hervor und gab sie mir, ich kaufte Branntwein für sie und hielt ihren Kopf, wenn sie trank. Es kümmerte sie nicht, dass ich ihr Nachtschränkchen mit einem Stemmeisen aufbrach und ihre Papiere las. Dein Vater hat dich billig verkauft, sagte sie. Sie hustete die Reste ihrer Lunge heraus und zeigte mit einer ausladenden Geste in den schäbigen Raum. All das wird bald dir gehören, sagte sie und konnte nicht mehr aufhören zu lachen. Nachdem sie gestorben war, verkaufte ich das Appartement und holte meinen Koffer von der Feuertreppe. Ich hielt ein Taxi an und fuhr auf die andere Seite des Flusses in die große, glänzende Stadt.

Ich ging durch die Straßen und sah mir die Lichter an, ich legte den Kopf in den Nacken, um an den Häuserwänden entlang in den Himmel zu sehen. Ich brachte meinen vom Regen verbeulten Koffer in ein kleines Hotel, dessen Zimmer aussahen wie Tante Petunys Appartement. Ich hatte viel Geld und verbeulte Hände, die jede Nacht wehtaten von der Arbeit in der Schuhfabrik. Das ganze Hotel war voll von jungen Matrosen, die zu viert, zu fünft und zu sechst in den winzigen Zimmern schliefen und die ganze Nacht über lärmten. Wenn ich mich in den Fluren an ihnen vorüberdrängte, lachten sie und hielten mich an den Schultern zurück und erzählten mir von den Schiffen, auf denen sie Dienst taten, von den fernen Häfen, die sie besuchten, und von den Meeren, auf denen sie zu Hause waren. Ich dachte an das Meer und den Himmel und an die gerade Linie des Horizonts und packte meinen Koffer. Das Schiff lag angeleint im Hafen, als ich aus dem Taxi stieg, und wartete groß und geduldig auf die lange Fahrt ans andere Ende der Welt.

Das Schiff schaukelte wie früher, dreieckig und gleichschenklig, ich saß im Speisesaal und schaute auf die blaue Linie zwischen Himmel und Ozean. Wenn ich in einem Liegestuhl auf dem Oberdeck saß, gingen schöne, schlanke Stewards vorbei und waren freundlich und geschäftig, aber der schöne, schlanke Steward mit den blonden Strubbelhaaren und den leuchtend blauen Augen war nicht dabei. Ich trank Wein aus großen Gläsern und schlief allein in einer Kajüte. In der dritten Nacht wurde das Schaukeln groß und schlimm, rauf, runter, links, von vorn. Das schwarze Wasser tobte gegen das kreisrunde Fenster aus dickem Glas, das vertrauenerweckend war und dem ich nicht vertraute. Die Kabinentür öffnete sich und in dem schmalen Lichtschein trat eine dunkle Gestalt herein. Die Tür wurde geschlossen und ein großer, schlanker Körper drängte sich neben mich auf die schmale Pritsche. Wir sinken, flüsterte eine heisere Stimme in mein Ohr, wir sinken. Dann waren Hände auf meinem Körper und heißer Atem, und ich starrte in das schwarze Wasser, das sich von außen gegen die Schiffswand warf. Am Morgen war die See glatt wie ein Spiegel und der Himmel strahlend blau, und ein paar Stunden später konnte man in der Ferne einen Schwarm Möwen sehen.

– Dein Vater ist tot, sagte die neue Frau meines Vaters zu mir und bat mich herein, hast du das nicht gewusst?
– Nein, sagte ich, das habe ich nicht.

Sie führte mich durch das Haus, in dem ich ein paar frühe Jahre lang gelebt hatte und an das ich mich kaum noch erinnern konnte. Die Böden waren durchgetreten und der Schwamm kroch in leuchtenden Farben das Mauerwerk empor. Sie zog mich hinaus in den verwilderten Garten, die Abendsonne warf tiefe Schatten in ihr zerklüftetes Gesicht. Sie griff in die Tasche ihrer fleckigen Schürze und legte zwei verschrammte Manschettenknöpfe in meine Hand. Ich warf sie ins Gras und gab der neuen Frau meines alten Vaters ein Bündel Dollarnoten aus meinem verbeulten Koffer.
– Du bist ja ein Engel, sagte sie und sah mir ins Gesicht.
– Ja, sagte ich, wir sind alle Engel.

Arne Rautenberg
Reanimieren eines Sprengmeisters

Es ist verboten, den Sprengmeister zum Himmelfahrtstag auf dem Trümmergelände fehlen zu sehen. »Du hast aber einen schönen Hut«, lacht Bauknecht und öffnet eine Flasche Bier, indem er den Kronkorken auf der Kante eines Holzpfostens mit der Hand abschlägt.

»Man kann ihn unbesorgt zusammenrollen und in die Tasche stecken«, entgegne ich. »Die elastischen Fasern der Kolbenpalme überstehen diese barbarische Prozedur unbeschadet.« »Oho! Hier hat aber jemand seinen Gentleman ganz genau gelesen!«

Natürlich, Bauknecht hat vom Sprengmeister auch ein Exemplar geschenkt bekommen. »Der Sprengmeister …« sage ich. »Ja«, meint Bauknecht, »der hatte auch mal so einen Hut.« »Wundert mich nicht.« »Erst im letzten Sommer hat er sich den gekauft. Wegen der Sonne. Irgendwann zwischen zwei Chemos haben sie ihn testweise eine Nacht daheim schlafen lassen. Er brauchte ja nur einmal quer über die Straße, um von der Klinik nach Hause zu gehen.«

Mir steigt das Blut. Der Zufall dreht einen seltsamen Kreis, er umschwirrt, besetzt und lähmt dich, er ist wie das Narkotikum der Pferdebremse. »Und dann kam die Windböe. Das hat ihn unheimlich geärgert, diese Windböe, die ihm den nigelnagelneuen Panama vom Kopf fegte.« Sie betäubt dich, bevor sie dir ein Stück Fleisch aus der Haut beißt. Ich zünde mir eine Zigarette an.

»Und der Hut war teuer: Er hatte ihn vom Krankenbett aus übers Internet bestellt. Nun sah er ihn über die Straße rollen. Ihm fehlte einfach die Kraft, dem davontrudelnden Hut nachzugehen.

Im Gegenteil, mit Ach und Krach schaffte er es zurück zum Mildret-Scheel-Haus«, ich schließe die Augen, »und das war sein letzter Gang.«

Es ist verboten, das Grab des Sprengmeisters in einer seltsam milden E-Mail zu besingen. Betreffzeile: So sieht es da jetzt aus. Bauknecht hat ein Bild von einem Baum in die Mail kopiert. Der Baum warf mit Eicheln nach uns. Ein weiteres Bild zeigt die Nahaufnahme eines Tannensprösslings. Aus den Kränzen des letzten Winters wachsen kreisförmig junge Tannen. Ein guter Ort.

Es ist verboten, an der Beerdigung für den Sprengmeister auf einem der neuen Waldfriedhöfe teilzunehmen. Keine Trauerkleidung. Festes Schuhwerk. Ohne offizielles Programm. An einem feuchten, kalten Novembertag tapert die Trauergesellschaft durch ein schlammiges Waldstück. Das erscheint mir solange als ein bizarrer Waldspaziergang, bis der Weg eine Krümmung macht und man weitab auf einer Lichtung einen schwarz gekleideten Mann mit einer mintfarbenen Urne sieht. Das dänische Militärcorps ist im Battle-Dress erschienen. Der Hauptmann, dem die ganze Zeit ein Tropfen an der Nasenspitze hängt, spricht davon, dass man loslassen können muss, und der Tropfen fällt von seiner Nasensitze, und jeder, der dort ist, schaufelt der im engen Loch versenkten Urne seine Schaufel Sand und gute Wünsche hinterher.

Es ist verboten, Bauknecht zuzuhören, wenn er vom Sprengmeister spricht. Totalisolation, Abstoßungsreaktionen, Happy Pillen. Das sind die Schlagworte, die er uns als Botschafter zwischen den Bieren am Stammtisch übermittelt. Endlich bekommt der Sprengmeister eine Knochenmarktransplantation. Aber die Leber macht nicht mit. Eine neue Leber wird transplantiert. Und plötzlich bekriegen sich in seinem Körper zwei Immunsysteme. Dann meldet sich Bauknecht via E-Mail von seinem letzten Krankenhausbesuch in Sachen Sprengmeister: Die immunsupremierenden Medikamente, die man dem Sprengmeister zukommen ließ, haben zu heftigen Reaktionen all seiner Organe geführt. Am deutlichsten ist dies an seiner Haut zu sehen, die an einigen Stellen seines Körpers nicht mehr wirklich vorhanden ist. Bei meinem gestrigen Besuch zitterte der Sprengmeister permanent und derart stark, dass er keinen Handgriff mehr zielgerichtet machen konnte. Immer wieder dämmerte er während unseres Gesprächs weg, und wenn er aufschreckte, phantasierte er die sonderbarsten Dinge über Krankenschwestern. Die sagten mir, dies hänge wohl auch mit möglichen Gerinnseln in seinem Hirn zusammen …

Es ist verboten, die in losen Abständen kommenden Rundmails des Sprengmeisters zu lesen, man kann nie sicher sein, ob sie sexistischen Blödsinn oder Horrormitteilungen aus seinem Leben enthalten. Hallo Freunde, nach sechs Wochen Chemotherapie bin ich für vier Tage zu Hause! Leider muss ich am Montag zurück für eine neue Chemo … Es hat sich auch noch kein passender Stammzellenspender gefunden … Trinkt ein Pils auf mich! Der Sprengmeister.

Ein anderes Mal heißt es: A man said to his wife one day, »I don't know how you can be so stupid and so beautiful all at the same time.« The wife responded, »Allow me to explain. God made me beautiful so you would be attracted to me; God made me stupid so I would be attracted to you!« Dann wieder: Es gibt zwei mögliche Spender! Nach Aussage der Ärztin bin ich vielleicht in EINEM JAHR wieder gesund.

Es ist verboten, an den Sprengmeister zu denken, während der Wetterbericht einen Umschwung ankündigt, gewaltige Böen drängen durch den schwülen Sommertag. Hinter den Fassaden kann man bereits die dunkle Front aufsteigen sehen. Schnellen Schritts verlasse ich das Rasenstück vom Park. Nicht lange, dann schließt die Kunsthallenbibliothek. Vor dem Passieren der breiten Feldstraße wende ich meinen Kopf und sehe, einige Schritte entfernt, einen Strohhut aus der Kirschlorbeerhecke leuchten.

Der Hut ist in tadellosem Zustand. Auf dem Schweißband weist nichts darauf hin, dass dieser Hut jemals getragen wurde. Selbst das kleine Schild, das einen Original Panama ausweist, ist ohne Schweiß- oder Fettfilm. Und das Aufsetzen des Hutes fühlt sich an, als ob ein schutzloser Einsiedlerkrebs in sein Schneckenhaus kriecht. Wunderbar! So gehe ich, das Gesicht beschattet, meines Wegs und drücke den Hut während der Böen auf dem Kopf fest.

Nach diesem Sommer kann ich mir einen Sonnentag ohne Panamahut nicht mehr vorstellen. Obwohl Heimat und Ursprung dieses speziellen Strohhutes in Ecuador liegen, nennt man ihn Panamahut, weil er aus der Panama genannten Kolbenpalme geflochten wird, lese ich später in meinem Gentleman.

Es ist verboten, ohne den Sprengmeister am Himmelfahrtstag auf dem Trümmergelände der Bucht zusammen zu kommen. Bürzenkröt hat eine große Styroporbox mit zerschlagenem Eis dabei, Bauknecht den Grill, wir anderen unsere Bierrationen, unser Fleisch, unseren guten Willen, unbedingt einen hervorragenden Tag zu erleben.

Zur Nazizeit hat man auf diesem Gelände Giftkampfstoffe im großen Stil hergestellt, der Boden gilt als kontaminiert, weswegen die Frequenz von streunenden Passanten gen Null geht. Man hat seine Ruhe und kann soviel grölen, baden und Scheiben in verlassenen Depots zerdeppern, wie man will; ich schleudere Steine gegen alles Glas, was ich sehe, schlage mit langen Eisenstangen auf

Kachelwände ein. Zudem eignet sich der inmitten von Gestrüpp liegende, riesige Hallenboden der ehemals von den Engländern geschliffenen Munitionshalle für eine irre, den Ball schräg springen lassende Art des Fußballspielens.

Der Sprengmeister ist nicht zum Trümmergelände gekommen. Stattdessen nervt er uns mal wieder mit Rundmails: 25 wahre Zeichen, dass du erwachsen bist: 1) Du hörst dein Lieblingslied in einem Aufzug. 2) Du hast mehr Essen als Bier im Kühlschrank. 3) Du kaufst Aspirin und Rennie in der Apotheke, nicht Schwangerschaftstests und Kondome …

Mit Witzen ist es wie mit dem Zitieren großer Namen: Man versucht mit ihnen an einer Erhebungsdynamik teilzuhaben, die einen auf einer höheren Stufe scheinen lassen soll. Doch wirklich witziger Humor funktioniert nicht so gut aus zweiter Hand oder zumindest nur bei denen, die selbst Humor aus zweiter Hand verwenden. Es gehört doch zu den Tugenden der Menschen, ihre selbsterfahrenen Wirrnisse weiterzugeben. Ich hasse die Rundmails des Sprengmeisters und lösche sie gern ungelesen. Bis zu dieser: Hallo Freunde. Eine gute und eine schlechte Nachricht: Die gute: Ich bin soeben zum Hauptmann der Reserve ernannt worden. Die schlechte: Ich habe Leukämie!!! Die Überlebenschancen sind 20:80.

Einmal hat Bauknecht in Sachen Sprengmeister einen echten Schnitzer zu verzeichnen. Der Sprengmeister ist in seiner verstockten, ja, verschlagenen Art eher ein Waffen-, als ein Frauentyp. Irgendwie sieht man ihm trotz seines zurückhaltenden Wesens an, dass er Begriffe wie Resteficken ausspucken kann. Und da ist dieser Zug um seinen Mund, der einen an Peter Lorre aus dem Film M – Eine Stadt sucht einen Mörder erinnert. Doch gegen alle Vorurteile bewahrt sich der Sprengmeiser das rechte Maß an Stil. Er verschenkt gern den Gentleman, einen Kodex für klassische

Herrenmode, kleidet sich entsprechend und weiß genau, wann die Herren von Soost wieder ins Hotel Zum goldenen Anker kommen, um Maß zu nehmen. Unschlagbar günstig fertigen die nämlich Maßanzüge. Für 180 Euro. Meist schafft es der Sprengmeister, Bauknecht mit zum konspirativen Maßnehmen ins muffige Hotel-Tagungszimmer zu schleppen. Der Sprengmeister lässt sich einen dunkelblauen Nadelstreifenanzug anfertigen, einreihig, ohne Bundfalten und Hosenaufschlag und Bauknecht dito einen braunen Wollanzug mit Hosenaufschlag.

Zufällig bin ich dabei, als Bauknecht und der Sprengmeister ein paar Wochen später in ihrem neuen Wichs am Stammtisch aufschlagen, um hinterher viel zu fein angezogen in die Pumpen-Disco zu gehen. Ein brünettes Mädchen macht sich an die gutgekleideten Herren ran, verschwindet und erscheint, nachdem auch der Sprengmeister verschwunden war, erneut. »Ich war fast schon zu Hause, bin extra noch einmal umgekehrt«, hechelt sie Bauknecht gegen die laute Musik ins Ohr und fragt nach der Adresse des Sprengmeisters. »Ich glaube, ich habe mich heute Abend in ihn verkuckt«, gesteht sie beschwipst. Bauknecht sagt, er hat die Adresse nicht und schlägt stattdessen vor, sie auf einen besonderen Drink einzuladen. Gin-Fizz! Später geht sie mit und am nächsten Morgen spuckt sie vor seiner Haustür auf die Straße.

So wird es nichts mit des Sprengmeisters erster und einziger Liebesromanze. Sein bester Kumpel hat einen guten Strich drauf, den er gern durch fremde Rechnungen zieht. Ist nun mal so. Scheint keinen der beiden weiter zu stören. Jedenfalls erscheint der Sprengmeister auf meiner nächsten Geburtstagsfeier und schenkt mir den Gentleman.

»Verdammt das war ein Silvesterfest«, schreit Bauknecht und tätschelt dem Sprengmeister euphorisch die Brust. »Wie du bei mir im WG-Zimmer aufgeschlagen bist und das Fenster aufgerissen hast.«

»Die pöbelnden Jungs unten!«, kräht der Sprengmeister mit einer Stimme, die vor Freude fast ins Weinerliche kippt. Wir, die um dieses Gespräch herum sitzen und an unserem Bier nippen, müssen lachen. »Wie die mit den Knallfröschen nach uns geworfen haben!« »Ich bin dann mal kurz vom Fenster weggegangen. Was holen.« »Und als die Feuerwehr anrückte, war die ganze Straße so dicht eingenebelt, dass niemand mehr irgendetwas sehen konnte. Nebelbombe.« »Das verfliegt dann so gemächlich.«

Der Sprengmeister geht abends um neun ins Bett, steht nachts um vier auf, setzt sich in den Bus und fährt eine Bucht weiter nach Eckernförde. Der Name Sauer & Sohn steht in aller Welt als Synonym für Waffenkultur. Während das Unternehmen seit über 250 Jahren die Entwicklung der Waffentechnik vorantreibt und seine vielfältige Produktpalette im Lang- und Kurzwaffenbereich stetig verbessert, wird eine konstante Vision deutlich: Im Zentrum stehen immer Qualität und Perfektion. Der Sprengmeister muss aufpassen, dass er im Bus nicht einschläft. Mit Lang- und Kurzwaffen von Sauer & Sohn muss sich der Jäger und Sportschütze nicht verbiegen, er findet die Waffe, die genau für seine Ansprüche gebaut ist. Erfahrung verbunden mit neuestem technischen Know-how, Ästhetik und Leidenschaft prägen alle Produkte der ältesten aktiven deutschen Waffenfabrik. Der Sprengmeister setzt sich fette Ohrenschützer auf und schießt mit ruhiger Hand die ganze verfluchte Schicht lang auf dieselben Anschussscheiben. Wenn er richtig gut ist, kommt er auf 40 eingeschossene Handfeuerwaffen.

»Der Einmarsch der Russen in Afghanistan«, sagt der Sprengmeister, »hat mich so aufgewühlt, dass ich dachte, die Welt geht unter, und dagegen, dachte ich, muss etwas getan werden.«

Nach seiner Antwort schweigen wir einige Minuten verlegen. Der Sprengmeister ist nicht gut drauf. Man merkt ihm an, dass er im zivilen Leben gescheitert ist. Er weiß nicht, wie er damit umgehen soll. Ich weiß es auch nicht. Er ist an den Frauen gescheitert. Er ist an seinem Studium gescheitert, rasselte nach viel zu vielen Studienjahren zum dritten und letzten Mal durch die Lateinprüfung. Er ist im Beruf gescheitert, wird nie dort ankommen, wo er hinwollte: an irgendeine stinknormale Schule als Englischlehrer. Kurz und schlecht: Niemals würden im zivilen Leben junge Menschen zu ihm aufsehen und den phantastischen Kerl entdecken, der in ihm steckt. »Verfluchte Kacke!«

Also ist der Sprengmeister arbeitslos, sondiert ein paar Wochen lang dies und das und hat schließlich sogar den Job, der, wie ich finde, ausgezeichnet zu ihm passt. »Wenn nicht du, wer dann?«, werfe ich ihm euphorisch an den Kopf, als er mir davon erzählt. »Hör mal«, sage ich, »Sauer & Sohn! Das ist doch so etwas wie das deutsche Pendant zu Smith & Wesson. Ein Traditionsbetrieb! Großartig!«

Doch der Sprengmeister winkt ab. Er weiß, warum. Denn obwohl ihn die Chefs der Waffenfabrik mit üblen Schichtdiensten, geringem Verdienst und null Aufstiegsmöglichkeiten durchweg zur Weißglut bringen, kommt er aus dieser für ihn zugeschnittenen Mühle nicht heraus. Von nun an, und das weiß der Sprengmeister, wird er bis an sein Lebensende Handfeuerwaffen für französische Polizisten einschießen. Einer von vielen Großaufträgen, die der Waffenfabrik über Jahre hinweg ihre glänzende Existenz sichern.

Schlagartig wird mir klar, warum ich hier bin. Ich lege dem Sprengmeister meine neuesten Romanszenen nahe, Erschütterungen meiner Stadt im letzten Weltkrieg. Bombenabwürfe. Feuergefechte. Der Sprengmeister verschwindet in die Küche und kommt mit einer Untertasse zurück. Er öffnet eine Schreibtischschublade und kramt eine kleine Plastiktüte hervor. Aus der bröselte er ein winziges Häufchen weißen Pulvers auf die Keramik. Dann entzündet er ein Streichholz und hält es gegen das Pulver, welches erst fluffig zu brennen und dann zu kokeln anfängt. Mit einem Landser-Heft wedelte er mir helle Rauchschwaden entgegen. »Mach mal die Augen zu. Wonach riecht das?« »Ein bisschen säuerlich.« »Gut. Wonach noch?« »Auch süßlich irgendwie. Es sticht, es stinkt.« »Ist richtig, ist alles richtig. Soll ich sagen?« »Mmh.« »Es stinkt nach alter Pisse, stimmts?« Ich überlege, woher ich den Geruch von alter Pisse kenne, aber ich kenne ihn und da ist es auch egal, woher. »Das liegt daran, dass frischer Urin nach Brühe riecht, während abgestandener Urin aufgrund bakterieller Umwandlungsprozesse den stechenden Geruch von Ammoniak annimmt. Ammoniak ist eines der wichtigsten Produkte der chemischen Industrie. Man braucht es zum Beispiel, um Sprengstoff herzustellen. Harharhar!!«

Um Gottes Willen, dieses irre Lachen. Wäre der Sprengmeister ein Tier, wäre er ein Schwein. Es erschüttert mich, wenn ich in die Gesichter von Schweinen schaue, wie starr und ernst ihre Augen aus ihren wie auch immer gearteten Schweineköpfen herausstechen. Es ist etwas Unverrückbares darin, das mir Angst macht, weil es mich spüren lässt, wie die Zeit mich davonfegen wird. Ich höre dem Sprengmeister nicht mehr richtig zu. »… Wohnblockknacker …« Seine Nasenflügel beben, er redet weiter, obwohl ich gerade ein Gesicht machen muss, als ob ich aus einem windschiefen Traum aufgewacht sei. Konzentration. »Das waren richtig fette 36-Zentner-Bomben. Alter, ich mein, kannst du dir das vorstellen, wie die Briten ab 41 diese fetten Wohnblockknacker über unseren Städten abgeworfen haben?«

Ich spüre meine obere Gesichtshaut, weil ich die Stirn in Falten ziehe. »Allein die Druckwelle bei der Detonation. Die hat alles im Umkreis von 50 Metern platt gemacht. Schutt und Asche. Einskommafünf Tonnen Sprengstoff. Da flogen erst die Scheiben und dann die Dächer weg«, sagt der Sprengmeister und macht eine Schnippbewegung. »Ja und schon schlugen ihre Brandbombenteppiche in die offenen Dachstühle ein.«

»Hast du eigentlich echte Waffen im Haus?«, frage ich den Sprengmeister. »Einige.« »Zum Beispiel?« Er greift kurzerhand zwischen Armlehne und Sitzkissen ins beige Sofapolster. »Zum Beispiel die hier.« Er zwingt mir, bevor ich auf die Waffe sehe, seinen stechenden Blick auf und legt mir dabei eine schwere Pistole in die Hand. Ich senke den Blick auf die massige Handfeuerwaffe. Ich schließe meine Hand fest um den kalten Griff. Das ist wie bei jedem x-beliebigen James Bond Film, denke ich, wenn Waffen vorgeführt werden, müssen sie auch eingesetzt werden. Und nehme, um diesen Umstand Lügen zu strafen, mit viel Mühe den Zeigefinger vom Abzug.

»Was ist das für eine?« »Das ist die gute alte P8. Standard-Dienstpistole der Bundeswehr. Dient natürlich nur zur Verteidigung. Beim Nahkampf, wenn deine Hauptwaffe ausgefallen ist. Beziehungsweise wenn einer vom Führungspersonal sich doch mal eben schnell schützen muss.« Ich denke an die kleinen grauen Minisoldaten in SS-Uniform mit der am langen Arm vorgestreckten Pistole. »Ist die scharf?«, frage ich. »Ausprobieren würde ich es nicht«, lacht der Sprengmeister, nimmt mir die Waffe aus der Hand und legt mir eine andere, leichtere hinein. Die sieht genauso aus. »Was ist das nun?« »Die Attrappe von der P8. Falls hier mal irgendwer klingelt und sagt, man habe mich vom Fenster gegenüber hier mit einer Pistole rumfuchteln sehen.« »Macht es eigentlich Spaß, mit einer quer in der Hand liegenden Pistole rumzuballern wie Jules und Vincent in Pulp Fiction?«

Das Gesicht vom Sprengmeister erhellt sich. »Hah! Das ist natürlich eine Erfindung der Filmstudios. Schießen wie in Hollywood! Zähl allein mal die Schusszahlen, die hat keine reale Waffe; da wird mit sechsschüssigen Revolvern zwanzig Mal und mehr geballert und das in MG-Tempo, herrlich. Ist sowieso verdammt schwierig, mit einer Pistole zu treffen.« Der Sprengmeister und sein Thema bewegen sich aufeinander zu, werden zu einer einzigen Schnittmenge. »Wer das erste Mal schießt, hat Mühe, aus 25 Metern Entfernung eine Zielscheibe überhaupt zu treffen, und das bei optimalen Bedingungen, also mit unendlich viel Zeit, Ruhe, etc. Und dies zum Schießen mit verkantetem Lauf: Erstens: Als Rechtshänder kann die Hülse so unglücklich ausgeworfen werden, dass sie dir heiß an die Stirn knallt. Zweitens: Ein Scheunentor trifft man damit nicht. Weder die Zielerfassung, noch das Schießen selbst oder die sinnvolle Beeinflussung der Treffpunktlage kriegst du damit in den Griff. Handfeuerwaffen sind ja sehr schwer abzufeuern.« »Damit sie nicht von alleine losgehen.« »Genau. Allein weil der Hahn vorher nicht gespannt ist. Und wenn er mal gespannt sein sollte, dann gilt das nur für den ersten Schuss. Deswegen feuern wir ja auch möglichst im sicheren Stand und mit beiden Händen. Denk nur mal an den Rückstoß, wie der den Schuss verreißt. Den siehst du im Kino natürlich nicht. Und mit verkantetem Lauf führt der krass zur Seite. Und schieß mal ohne Gehörschutz 'ne großkalibrige Faustfeuerwaffe: Danach können die Lemminge in deinem Ohr aber Polonaise tanzen, das schwör ich dir. Trotzdem gilt: Wenn schon posen mit Handfeuerwaffen, dann bitte so posen wie in Pulp Fiction. Harharhar!«

Ich glaube nicht, dass der Sprengmeister neben Bauknecht und unserem Stammtisch noch irgendwelche Sozialkontakte hat. Auf eine lockere Art werden wir warm miteinander. Manchmal besuche ich ihn in seiner kleinen Zweizimmerwohnung, um mir seine abseitigen Kenntnisse der Historie und Waffenkunde für mein Schreiben abzuzapfen. So sind wir beide glücklich über diesen Umstand: ich, weil ich auf diesem Weg etwas bekommen kann, das mir sonst niemand zu geben vermag; er, weil er auf diesem Weg etwas geben kann, das ihm sonst niemand abnehmen will.

»Damit haben die Deutschen 70/71 den Krieg gewonnen!«, begrüßt mich der Sprengmeister strahlend, als ich in die Wohnungstür trete – und hält eine kleine Wurst hoch. »Den Krieg gewonnen?« »Ja, gegen die Franzosen!« »Ich weiß. Aber damit?« »Das ist eine Erbswurst!!«, sagt er mit fester Stimme. »Was bedeutet das?« »Das bedeutet, dass die Deutschen ihre Futterkompanien in den Nachschublinien entlasten konnten. Mit der Erbswurst hatte jeder Rekrut im Schützengraben immer eine warme Mahlzeit. Das war damals noch was ganz Neues: so eine getrocknete Suppe aus, lass mich nachsehen, Erbsenmehl, Fett, Speck und Gewürzen. Der preußische Staat hatte diese Wurst von einem Berliner Koch namens Grüneberg gekauft und seine Soldaten mit entsprechenden Rationen ausgerüstet. Man brauchte dieses – ja, was ist es? – in einer Wursthülle abgepackte Pulver nur in Wasser lösen und erhitzen: Fertig ist die Supersuppe! Gibt's heute noch! Kannst du in jedem Supermarkt kaufen! Das war sowas wie der Startschuss für das Unternehmen Knorr.«

Ich betrete zum ersten Mal das Wohnzimmer des Sprengmeisters. Ich sehe mich in seinem Zimmer um. Die eine Wand besteht aus einem Bücherregal, aus dem Kriegsliteratur quillt. An der anderen Wand steht sein Schreibtisch, darauf ein gigantischer Klops von einem 19-Zoll-Monitor, in dem Doom, ein Ballerspiel, eingefroren ist. Auf der Fensterbank stapeln sich leere Pizzapackungen, und am Boden gegenüber, vor einem Sperrmüllsofa aus den 50er Jahren, liegen Schachteln von Modellhäusern, die mal halb, mal ganz aufgebaut ihrer Bemalung harren. »Bist du Modellbauer?« »Komm mal mit«, sagt der Sprengmeister und geht den schmalen Gang an Küche und Bad vorbei in sein Schlafzimmer.

Das Schlafzimmer besteht aus einem französischen Bett, einem Schrank und einer den gesamten Boden bedeckenden Modelleisenbahn. »Wow!« »Kannst ruhig rüberlaufen. Wie du siehst habe ich überall Teppichinseln stehen lassen, damit man in den Raum hineinkommt.« Ich gehe in die Hocke. »Das hier ist die Hamburger Hafenanlage mit Schiffen, Kränen und Speichern. Da vorn hinter dem Bett sind die Alpen und an der anderen Bettseite baue ich gerade an der modernen Großstadt.« All das minutiöse Gefummel, Geklebe, die kleinen Bäumchen, Autos, Menschen. »Mein Gott! Da stecken doch Monate an Arbeit drin!« »Jahre. Hier schau mal.« Er klappt ein Speicherdach auf und zeigt mir ein winziges, kopulierendes Pärchen. »Was machst du denn bloß, wenn du mal besoffen nach Hause kommst. Stolperst du da nicht mal in deine eigene Modellwelt hinein?« »Ich komme nicht besoffen nach Hause.« Man soll nicht immer von sich auf andere schließen, doch man wird gewaltig Mühe haben, es nicht zu tun. »Oder wenn du mal eine Frau mit nach Hause bringst. Die kriegst du doch so gar nicht ins Bett!« »Wieso, es gibt doch einen Küchentisch.« Ich lache, denn über dem Küchentisch hängt ein riesiges Schwarzweißposter, auf dem er und Bauknecht den Betrachterinnen und Betrachtern dieser Welt in Pulp-Fiction-Manier Handfeuerwaffen entgegenstrecken.

Der Sprengmeister lässt es sich nicht nehmen, die Erbswurst anzuschneiden, während ich über Regalmeter Kriegslektüre schweife. Er schmeißt den Wasserkocher an und balanciert einen Küchenblitzkrieg später zwei Suppenteller zur Couch. »Und?«, ruft er nach einigen Löffeln beschwingt, »wie schmeckt's?« »Gar nicht so schlecht«, lüge ich und frage mich, wie in drei Teufels Namen ich den Teller leer kriegen soll. »Noch Nachschub?«, fragt der Sprengmeister, der seine Ration bereits verputzt hat. »Mmmh, nee, lass mal.« Ich esse langsam und erinnere mich des alten Tricks, dabei nicht durch die Nase zu atmen. Und ohne völlige Gesichtszugsentgleisung stelle ich meinen nicht ganz geleerten Suppenteller nach einer angemessen langen Zeit so nebensächlich wie möglich in die Spüle.

Ich treffe mich mit Bürzenkröt schon eine halbe Stunde früher, um vor dem Einkehren in die Kneipe noch eine Runde um den Schrevenpark zu drehen. So gehen wir, pfeifen und sondern Wortmüll ab. Darauf gehen wir die Runde noch einmal und versuchen ernsthaft zu reden. »Die Bösen und die Unglücklichen«, sagt Bürzenkröt, »ziehen stets das Interesse auf sich, weil Sünde und Leid universelle Menschheitserfahrungen sind. Von außen besehen erscheint Christus als Held des verlorenen Paradieses, in Wirklichkeit ist es aber Satan. Gescheiterte Größe ist stets lehrreicher als blasse Perfektion.«

Warum kann ich so etwas Kluges nicht sagen? Als wir schließlich alle am Stammtisch beieinander sitzen und Biere vor uns stehen haben, die wir einfach austrinken können, um uns besser zu fühlen, als wir es möglicherweise dürfen, ist Bürzenkröt nicht mehr zu halten. »Den Schülern erkläre ich mein gelegentliches Zuspätkommen folgendermaßen: Ich bin von marodierenden Schlawienern gemambockt worden!« Sein Brotjob als Lehrer erweist sich als unerschöpflicher Quell der Freude. Wir lachen um die Pikanterie des Wortes mambocken, was bedeutet, jemandem, der nervt, von hinten in die Eier zu greifen. »Oder ich sag: Im Lehrerzimmer war ne Schlägerei! Kommt auch immer gut.« Weiterlachen. »Bei den Kleinen sag ich auch manchmal: Die bauen im Lehrerzimmer gerade an einem riiiesigen Modellflugzeug! – Und dann sehe ich, wie sie in den nächsten Pausen mit großen Glubschaugen vor die Tür stehen und bei jeder Türöffnung reinschielen.«

Bauknecht wird sentimental, zieht sich aus dem Gespräch zurück, schreibt ein paar SMS an verflossene Freundinnen und schweigt betreten in die Runde. »Alles klar bei dir?«, frage ich ihn, als wir gemeinsam zur Toilette gehen. »Mein Vater.« Als wir an den Pissoirs nebeneinander stehen, frage ich: »Wolltest du ihn nicht an seinem Sterbebett in Berlin besuchen?«

Ich lehne den Kopf an die Wand und denke wie immer, wenn ich auf der Toilette in der Kneipe den Kopf an die Wand lehne, mein drittes Standbein, und daran, wie ein Freund, ein begnadeter Industriedesigner, in einer Kieler Edelkneipe eigens zu diesem Zweck runde Kunststoffpolster an der Wand befestigt hat, die, benutzt man sie (und das tut man in derlei Situationen unvermeidlich), einem sofort ein königliches Gefühl einimpfen. »Schon, nur er wollte mich nicht sehen.« »Stimmt, das hattest du mir letzte Woche erzählt.« Ich vergesse Dinge, die mir erzählt werden, wenn ich Alkohol trinke, besonders nachhaltig. Komischerweise fallen sie mir, wenn ich in derselben Situation mit den selben Leuten am selben Ort wieder Akohol trinke, wieder ein. »Und nun?« »Vorgestern rief mein Großvater an. Und sagte, dass mein Vater mich nun doch am Sterbebett sehen wollte.« »Und was willst du nun machen?« Er zuckt pinkelnd mit den Schultern. »Nichts.« Wir verlassen die Toilette. »Heute Morgen rief er mich wieder an. Meinte, dass ich nicht mehr sein Enkel bin und nicht mehr zur Familie gehöre. Und dass mein Vater gestorben ist. Du bist ein Schwein. Das hat er wortwörtlich gesagt. DU BIST EIN SCHWEIN.«

Als wir zurück am Tisch sind, lacht der Sprengmeister hell und glucksend sein Lachen. Ich setze mich neben ihn, trinke das halbe Bier aus, zünde mir eine Zigarette an und begebe mich in die Verbalsphären des Sprengmeisters. »Das ist doch Chaostheorie in Anwendung!«, ereifert er sich. »Nee, wirklich, bei den pakistanischen Atombombenversuchen glühte, ich hab das auf dem Bildschirm mit eigenen Augen gesehen, ein ganzes Gebirgsmassiv gelb – wobei es zitterte und sich die Oberfläche komplett pulverisierte! DESWEGEN gab es die Erdbeben im nördlichen Afghanistan! Gerade da unten werden doch Kontinentalplatten in Schwingungen versetzt. Und den wissenschaftlichen Nachweis dafür, das schwöre ich, hält man wegen Regress und Verschwörung schön in einem geschlossenen Kuvert zurück. Die Wahrheit liegt wie so oft in irgendeinem Safe.«

Wer, wenn nicht ein Sprengmeister, kennt sich in den Gewalten der Zerstörung aus? »Kennt ihr diese lippenstiftgroßen Uranbomben«, fragt der Sprengmeister mit einer triumphierend hohen Fistelstimme, »die die Amis im Golfkrieg so schön gegen irakische Panzer ausprobieren konnten? Nee?« Andächtig schütteln wir unsere Köpfe. Also mich hat er. Ich will jetzt alles wissen über die lippenstiftgroßen Uranbomben. »Beim Aufprall erhitzen sie auf 9.000° C, glühen sich durch jeden Panzer durch, bis er von innen aufflammt und steht. Und den amerikanischen Kriegsberichterstattern fallen nach alter Tradition schon Monate später die Haare aus.«

Es ist, als schaue der Sprengmeister immer mal wieder durch ein Fenster auf die Sonnenseite des Lebens. Auf uns. Je mehr ich trinke, umso mehr verwickel ich ihn in Gespräche. »Und wie war die Übung mit Y-Tours in Polen?« Der Sprengmeister legt den Kopf schief und sieht mich an, sein Gehör ist nicht mehr das Beste. Ich wiederhole meine Frage. »Stinknormales Manöver an der Grenze. Auf dem Rastplatz gab es so vierkantige Bratwürstchen. Als ich die Frau am Grill darauf ansprach, ob die Würstchen da immer so sind, sagte sie nur: Wieso – gibt's die auch in rund?«

Es ist verboten, Bauknecht zuzusehen, wie er mit einem blassen Brillenträger zu uns an den Table kommt. Ich schaue dem Fremdling auf die schmal gequetschte Nase und die blonde, dünnhaarige Scheitelfrisur. Es ist verboten zu hören, wie er sagt: »Und das ist der Sprengmeister!«, und ihm zuzusehen, wie er ihm dabei kräftig auf die Schultern schlägt. »Wir sind zusammen zur Schule gegangen!« Es ist verboten zu denken, dass der Ausdruck des Sprengmeisters zu gleichen Teilen nach dem Schönen wie nach dem Hässlichen ausgelegt werden kann. Etwas Linkisches liegt darin, etwas, das ihm zum Verhängnis werden wird, denn linkisch werde ich ihn nie erleben. Es ist verboten zu hören, wie die Bundeswehr den Sprengmeister als Reservisten in ihrem Bann hält. Ihm unterstehen 70 Leute. Da er keinen Führerschein hat, hat er einen eigenen Fahrer, der ihn für alle möglichen Sprengeinsätze hin- und herkutschiert. Es ist verboten zu sehen, wie der Sprengmeister, wenn er mit uns am Tisch sitzt, nie mehr als zwei Bier trinkt. Stets ist er klamm. Und er raucht nicht. Es ist verboten, zu vermuten, dass er keinen Alkohol verträgt. Es ist verboten, zu vermuten, dass der Sprengmeister eine Abneigung gegen jegliche Art von Kontrollverlust hat. Während wir uns via Stimulanzien ab und an die erhitzten Köpfe leeren müssen, um Altes wegzufegen und Platz für Neues zu schaffen, legt der Sprengmeister, und das ist verboten, Wert darauf, den kühlen Kopf zu bewahren. Es ist verboten, sich vom Sprengmeister die Grenzen der Vorstellungskraft einbeulen zu lassen. Es ist verboten, den Sprengmeister von der Fratze der Welt sprechen zu hören. Es ist verboten, dieser, seiner Geschichte zu lauschen. Es ist verboten, brennende Lunten in die Luft zu werfen.

Ursula T. Rossel Escalante Sánchez
Der Hexer von Boltigen

Das Tal
Die Bauern im Simmental züchteten Schafe, entwollten sie um Kleidung und buken Brot aus drei Korn Gerste, die sie den steilen Schatthängen abtrotzten. Wie eine schlafende Schöne wälzte sich der Winter im Bett der Simme, drehte sich nochmals und abermals um. Laken aus Schnee rutschten vom Geäst des Finstertanns und fielen, langsam, leise, auf Gefichtel, auf Wurz. Zweidritteljahrs berührte das Licht nur scheu die Gipfel; Wildstrubel, Spillgerte, Seehore, Turnen, Ochsen; als müsste der Prinz sich erst ein Herz fassen; Märe, Schafarnisch, Kaiseregg, Bäderhorn, Hundsrügg. Eisesstarr gerann die Zeit in Wasserfällen; hin und wieder klirrte ein Zapfen; eine Stund vor. Wenn sie endlich gähnte, sich streckte, die Winterin, ließ sie so viel Wasser, dass die Dörfer versanken im Schlamm.

Die adeligen Herren hatten wüst gehaust, gezecht geludert gehurt auf dem Buckel der Bauern, so dass sie die Ländereien verscherbeln mussten an fremde Edelleut, Vasallen des Hauses Habsburg. Ungekanntes wucherte wie Champignons durch den Mist. Vom gefleckten bulläugigen Rind zapfte man Milch und Fleisch und Geld, man ließ Äcker verganden, führte Weizen von ferne ein. Und von da an fremdes Brot, von dem die Zähne faulten. Die hohen Herren von Bern zogen gegen Habsburg aus; füllten den Sempacher See mit Blut; vollzogen die Ehe mit dem erbeuteten Tal. Kaum einer der Bauern hatte jemals den Jaun überschritten oder den Zeh in den Thuner See getunkt. Aber es kamen Glitterwaren von dorten, es wurde getauscht getäuscht und gehandelt. Aus dem Kargen trieben Marktflecken vielbunt aus, Kirchen, Klöster, Burgen, die Menschen gingen Zickzack mit wachen runden Augen. Alles war zu schnell über sie gekommen.

Der Landvogt
Den jungen Ratsherrn Peter von Greyerz entsandte die Stadt Bern nach dem Tal, es zu zähmen und die Wirtschaft zu ordnen. In der Blankenburg nahm der Vogt Residenz. Ihm war nicht wohl mit dem Wildstrubel im Rücken. Mauleslisch begegneten ihm die zähen Bauern und ließen sich nicht bändigen in ihrer verhaltenen Angst. Im Dorfe Boltigen trieb ein Mann sein Wesen, Stadelin geheißen, von dem gesagt wurde, er sei ein Störer. Und in der Tat, als der Vogt zum Rechten sehen wollte, stellte sich ihm selbiger Stadelin in den Weg und machte das Pferd scheu mit vor der Brust gekreuzten Armen. Er saß nicht mehr sicher im Sattel, der Vogt, die Zügel alle entglitten ihm. Er verschanzte sich in der Burg, schwitzte und schlief nicht und sann vergebens auf ein Elixier, die Menschen gefügig zu machen. Mit den Läusen sprangen die Gerüchte über den Rossschreck von Kopf zu Kopf. Er sei durch die Luft geflogen, erzählte man sich, und habe kleine Kinder in den Gebirgsbach gestoßen. Er befördere den dritten Teil des Mists, des Heus und des Hafers seiner Nachbarn auf den eignen Acker und rufe den Blitz herbei, auf dass er in anderer Leute Dachfirsten fahre. Stadelin! Stadelin. Wenn das Exempel doch zu fassen wäre!

Der Hexer
Stadelin zauberte Hagel, auch das wurde geflüstert. Er hatte gerade genug zum Leben, mochte die blaublütigen Fresssäcke nicht und gab einen Kümmel auf das, was die Übrigen werkelten, und gab gar einen Kreuzkümmel auf die Simpeleien, die denen in den Schädeln umgingen. Mit dem Erfinder der Hexerei, jenem Scavius, der sich in eine Maus verwandeln konnte und am Ende doch eine

Mistgabel in den Ranzen kriegte, mit dem Räudigen, der nämlich ein adliger Mehrbesserer war, hatte Stadelin nichts an der Krempe; wohl wahr, er hatte den Scavius-Schüler Hoppo flüchtig gekannt; tant pis! Stadelin hielt nur seine bescheidene Festung gegen freche Neider, und zugegeben, manchmal ertrug er die schwüle Borniertheit nicht länger, und so schickte er allenthalben ein unflätiges Wetter. Aber den Dummkopf, der ihn um Schadenszauber bat, einen Feind totzublitzen, wies er energisch ab. Stadelin verachtete auch die Satansjünger, die in der Kapelle vor dem Fürsten der Finsternis das Knie beugten und zum Eide gemörserte Wickelkinder mit Kacke und allem aus einer Kalotte soffen. Von Greyerz hatte den Pfaffen aufzuhetzen versucht, doch dieser lachte gutmütig – Gott ist größer als diese verlorenen Heiden, überlasst es nur Ihm, Herr Vogt! – ja, der Pfaffe hatte sogar eine Kindsmörderin aus der Bredouille gehauen. Der Vogt trachtete die Kirche vor den Karren zu spannen, um die aufmüpfigen Bauern in den Senkel zu stellen. So müssten sich Recht und Moral und sittliche Ordnung wieder herstellen lassen in der Exklave, dachte er. Ha! Dafür schien die Zeit noch grün.

Dennoch kam Stadelin die wachsende Frömmigkeit zäntum in die Quere; Gebete prallten von den Felswänden ab und echoten so durch den Äther, dass die althergebrachte Magie nicht immer noch anschlug. Als er ein Bursch gewesen war, hatte es genügt, ein bestimmtes Wörtchen zu verdreifachen oder einen Stein ins Wasser zu werfen, vergorene Rosspisse über die March auf den Acker zu schütten, um einen gutnachbarschaftlichen Untergang zu proben. Heute musste man gegen Ave Marias und Rosenkränze anhexen, den Instanzweg der Hölle beschreiten und blutopfernd unterhündische Assistenzteufel herbeizitieren ganz bar jeder Gewähr. Es war schwer geworden, intelligentes Eigenbrödlertum konsequent zu leben, sich der kollektiven Verdummung ebenso zu verweigern wie dem milchsaufenden Marktgeflecht, das wohl schon den halben Kontinent im Schwitzkasten hielt.

Der Prozess

Man hatte Stadelin angeschwärzt. In der sauren Milch der Blösch hatte er es vorausgesehn und war westwärts geflohen, den Kopf gesenkt unter der Kapuze, beinah demütig am Fuß des Gastlosen vorbei. Vor den Toren Lausannes stellten ihn die Büttel. Stadelin drückte seinen Nebenafter aus, der Geruch von Schwefel, Wundbrand und Verwesung machte der Büttel Hände zittern; aber da trabte schon der Vogt heran; ließ seinen Rappen pränzeln; tat breit in der Brust; beschwor den Geist der hohen Gerichtsbarkeit. Stadelin verließ die Kraft.

Gütliche Befragung; Stadelins Urgicht: Man könne den Hagelzauber durch ein Gebet zu Christi Kreuznägeln bannen. Territion; Stadelins Urgicht: Ja, er zaubere Hagel. Peinliche Befragung; Stadelin schwieg. Nach der dritten Umdrehung der Daumenschraube gestand der Hexer, er habe ein schwarzes Huhn am Kreuzweg geopfert, es in die Luft geworfen und so einen Unterteufel gerufen. Auf der Streckbank schließlich sagte Stadelin aus, er habe eine Eidechse unter Feuzens Schwelle vergraben, worauf dessen Kühe, Färsen, Auen und Geißen sieben Jahr lang nichts Lebendes mehr geworfen hätten und sein Weib sieben tote Kinder geboren habe. Man könne den Fluch wohl leicht brechen, indem man die Echse ausgrabe.

So tat man dann auch. Das Tier war stäublings zerfallen, die Erde unter Feuzens Schwelle jungfräulich, von Greyerz triumphierte mit seinem Beweis: die Echse habe sieben Jahre gemodert, ansonsten man sie gefunden hätte. Stadelin brannte auf dem Scheiterhaufen. Die fetten Schwaden lösten eine Laui vom Wildstrubel, die begrub Greyerzens lüsternste Magd und sein bestes Pferd.

Der Vogt hinterließ den Schlamassel den Vettern und ritt nach der Stadt Bern. Allein für ein letztes Geschäft kehrte er noch ins Simmental zurück. Schlug unentwegt das Kreuz. Fünf Nachwuchshexer umzüngelten die Blankenburg nächtens mit Sprüchen, von Greyerz stürzte in gnadgöttischem Entsetzen vor den irrlichternden Fackeln, Flammen, entfesselten Sonnen die Treppe hinunter und erholte sich nimmer.

Das Feuer, einmal entfacht, ließ sich nicht löschen vom Schnee auf Gewurz und Fichtel. Es sprang über ins Unterwallis, ins Lavanttal; von da nach allen Windrichtungen; in viele Jahrhunderte; schwelt noch womöglich in drittjahrtausendsten Unterbäuchen.

Steffen Roye
Die letzte Runde geht aufs Haus

Es passierte nicht mehr viel. Man kam zusammen, regelmäßig, täglich, man hatte nichts Besseres zu tun. Und merkte kaum, wie dem Haupttor, wie der Halle B langsam Bärte wuchsen, so wie man auch den schleichenden Verfall eines Todkranken kaum wahrnimmt, wenn man ihm tagtäglich begegnet. Offensichtlich war der Verfall nur für die, die gelegentlich auf Besuch kamen und ihre Gesichter mit harmlosen Scherzen verhängten. Aber wer kam hier schon vorbei, gelegentlich.

Die Fabrik war in Konkurs gegangen. Dass es darauf hinauslaufen würde, konnte man lange vorher erkennen, wenn man wollte, daran, wie das Unkraut Besitz nahm, wie es nicht auf den Tod der Fabrik wartete, sondern ihn beschleunigte, daran, dass die Löhne immer unregelmäßiger gezahlt wurden und niemand mehr die Fenster reparierte.

Die *Curry-Oase* aber blieb vor dem Haupttor. Gewohnheitsmäßig blieben auch die letzten Stammgäste, in welche Fabrik hätten sie hier auch gehen sollen. Hinter dem Imbiss, an dessen Rückwand jemand *Essen auf Rädern* gesprüht hatte, schossen Birken und Holunder auf, Brennesseln bewuchsen den Platz vor dem Fabriktor, und die *Oase* wirkte zusehends wie ein Fremdkörper, der den kleiner werdenden sandigen Platz verteidigen musste.

Es gab fünf Bistrotische, windschief in die Landschaft gepflanzt, die brüchigen Plastikdecken mit Klammern befestigt. Und da hatten sie ihre festen Plätze. Strawolka von der Auslieferung mit einem Kopf wie ein Ball, auf den sich jemand gesetzt hatte, er blieb stets allein an seinem Tisch, die Aktentasche neben sich auf dem Boden, aus der er nie etwas nahm und in die er nie etwas hineintat. Am Nachbartisch stand die Müllern von der Qualitätskontrolle mit ihren gezupften Augenbrauen, sie schminkte sich ein wenig zu stark, ihre Jacken waren immer ein wenig zu kurz, und sie legte Wert darauf, auch in ihrer jetzigen Situation einmal im Vierteljahr ins Theater zu gehen; und bei der Müllern stand der Beirathner, der hatte die Ausbildungswerkstatt unter sich, früher, und er kam, obwohl er inzwischen in Rente war, noch immer im verwaschenen, aber tadellosen Blaumann, einen Filzhut auf dem Kopf; und mit ihm Stanke aus der Buchhaltung, dessen rechtes Bein etwas zu kurz war und der Sweatshirts mit Aufschriften wie *Rolling Stones* oder *Philadelphia 76ers* trug. Und am Nachbartisch – in Armlänge zum Tresen, so dass man sich nur umdrehen und zulangen musste, wenn Schorschke das nächste Bier hinstellte – standen die Dietrichs aus der Schlosserei, Zwillinge, wie sie behaupteten, der eine mit Schnauzer, der andere mit kahlrasiertem Schädel und Tätowierungen an den sehnigen Unterarmen.

Manchmal kamen andere, Jugendliche, Frauen mit blauen Augen oder kurzen Röcken, alte Männer mit Pfeifen und Gebissen wie Grabsteinsilhouetten. Meistens jedoch blieben die beiden anderen Tische frei.

Strawolka genügte es dazusein, wenn auch auf Distanz, und den anderen genügte es, dass Strawolka da war. Er hatte sein Gesicht auf Leerlauf geschaltet und starrte in seine Bierbüchse, als würde er durch den Boden hindurch schauen können. Beirathner erzählte gern von früher, und die Müllern ergänzte, sie kannte noch alle Namen. Und Stanke debattierte über die da oben, diese Napfsülzen, die sollten nur mal einen Tag mit ihm tauschen, nur einen verdammten Tag. Und die Zwillinge erzählten Witze von nackten Frauen und eingeklemmten Schwänzen, und am lautesten lachte die Müllern, und manchmal gluckste sogar Strawolka. Manchmal spielten sie Skat.

So war es nach Versand der Blauen Briefe, so war es, als die *Oase* langsam von Wildnis eingekesselt wurde, so war es schließlich, als Arbeiter anrückten, um die Fabrik und die Jahrzehnte abzureißen und Platz zu schaffen für eine Schnellstraße. An den beiden übrigen Tischen drängten sich zur Mittagszeit nun zwölf oder fünfzehn Männer mit Helmen, ungefragt blieben sie unter sich. Wenn sie die Currywurststücke in ihre Münder schaufelten und die Pommesrotweiß nachschoben, redeten die Stammgäste gedämpft wie auf einer Beerdigung, man schaute in andere Richtungen, und die Skatkarten wurden erst hervorgeholt, wenn irgendwo hinter der *Oase* wieder die Betonwände in den Holunder krachten. Dann lachte die Müllern noch derber, und Strawolka schaute noch tiefer in sein Bier. Schorschke nahm man es nicht übel. Geschäft war Geschäft. Wenn das Lachen der Müllern aber einmal in ein Loch sackte, standen sie einen Moment ernst und in sich gekehrt vor ihren Bieren wie Strawolka und sagten dann so etwas wie Tja oder Nunja oder Sooo, und immer musste Schorschke sie dann aus diesem Loch fischen, indem er sie zu einer Runde einlud.

Der Sommer wurde schon ledrig und müde, und von der Fabrik war kaum noch etwas übrig, als eines Mittags zwei Bauarbeiter zu Strawolka traten, die hier noch niemand gesehen hatte. Die anderen wirtschafteten noch hörbar im Gelände, und die beiden fragten, ob wohl frei sei, doch Strawolka starrte weiter angestrengt in sein Bier und umklammerte mit der einen Hand die Büchse und mit der anderen den Tisch, als drohte jemand, beides fortzuräumen, und die Arbeiter stellten einfach ihre Kartoffelsalate mit Buletten nach Art des Hauses neben ihm ab, nickten ihm zu und begannen geschäftig mit der Vertilgung der Mahlzeiten.

Die Müllern tauschte bedeutsame Blicke mit ihren Tischnachbarn, und Strawolka, die Lippen wie ein Strich, beugte sich zu seinem Aktenkoffer und stellte die Zahlenkombination ein. Ein blindes Tasten, den Blick nach irgendwo, dann hatte er ein Messer in der Hand, das er beim Aufrichten dem nächststehenden Bauarbeiter unvermittelt in die linke Schulter rammte. Der Mann schrie heiser, sein Kollege rief: Biste verrückt, und schlug Strawolka mit der Faust auf die Nase, dass es die Umstehenden knacken hörten. Die Müllern kreischte auf und begann zu schluchzen, Stanke beugte sich zum zu Boden gegangenen Strawolka und sagte: Was machste denn für Scheiß. Der Bauarbeiter zog sich mit einem Ruck das Messer aus der Wunde, das perforierte Hemd verfärbte sich mählich. Andere Arbeiter waren plötzlich da, jemand telefonierte nach einem Krankenwagen, ein zweiter nach der Polizei, ein dritter, vierter, fünfter drohten Strawolka mit Kastration, an die Wand stellen so was, donnerte einer, und Schorschke musste vermitteln und beschwichtigen. Die Polizei nahm den Messerstecher mit. Der Wirt seufzte und schrieb an.

Am Freitag aber war Strawolka wieder da, die Nase noch immer geschwollen. Nunja, sagte er und starrte in sein Bier, der letzte Tag, da ist mein Platz hier, schätz ich.

Als die Bauarbeiter ein letztes Mal zur Mittagspause anrückten, schien die Luft wie straff gespanntes Butterbrotpapier zu sein. Sie stopften stumm und eiliger als sonst ihre Schnitzel in sich hinein und traten mit einem lauen Nix für ungut den Rückzug an, drei von ihnen schauten zu Strawolka und spuckten auf den Boden.

Als die Maschinen hinter den Birken und dem Holunder wieder rumorten, als Finale, als Reprise, nahm Strawolka seine Aktentasche in die eine und seine Bierbüchse in die andere Hand und stellte sich zu den Dietrichs. Er schaute erst den einen Dietrich an und dann den anderen, und dann schaute er in seine Bierbüchse.

Tja, sagte der schnurrbärtige Dietrich.

Nunja, sagte die Müllern.

Sooo, sagte Schorschke und zog den Stecker der Friteuse, die letzte Runde geht aufs Haus.

Und dann spielten sie an beiden Tischen Skat, und Schorschke schaute der Müllern ins Blatt und band bedächtig seine Schürze auf.

Stefanie Schütz
TISCH UND BETT

Ich stelle mir vor: Ich bin ein junger Mann. Meine Freundin hat vor einiger Zeit mit mir Schluss gemacht. Was sie nicht weiß: Ich habe noch einen Schlüssel von ihrer Wohnung.

Jeden Morgen um sieben verlässt sie das Haus, fünf Minuten später betrete ich mit dem Schlüssel die Wohnung. Ich ziehe meine Schuhe aus, hänge meine Jacke an den Haken und gehe auf Strümpfen den dunklen Korridor entlang. Die Schlafzimmergardinen sind noch geschlossen, und im Zimmer riecht es nach Schlaf. Ich gehe ans Bett, ziehe meine Strümpfe aus, meine Hosen lege ich auf einen Stuhl. Ich glaube, manchmal bin ich so müde, dass ich einfach in Kleidern ins Bett krieche, denn die Nacht habe ich in irgendwelchen Clubs oder auf den Rückbänken schwankender Nachtbusse zugebracht. Ich lasse mein Gesicht in ihr Kissen sinken. Den Geruch sauge ich auf, wie ein ausgetrockneter Schwamm das Wasser.

Der junge Mann ist gelöster Stimmung, als er erwacht. Er wählt eine entsprechende Musik aus dem CD-Turm und lässt sich im Badezimmer eine Wanne mit viel Schaum einlaufen. Während er in dem warmen Wasser schwebt, starren seine Augen eine geraume Weile ohne jeden Ausdruck auf die Wäschestücke, die oben auf der Leine hängen. Manche sind nicht größer als ein Personalausweis.

In ihren Bademantel gehüllt, begibt er sich wenig später in die Küche. Das Frühstück hat sie in der Eile morgens stehen lassen. Er kocht sich ein Ei, wärmt den restlichen Kaffee auf, der noch in ihrer Tasse schwimmt und überfliegt frühstückend die Zeitung. Vielleicht liegt auch irgendein an sie gerichteter Brief herum, der seine Aufmerksamkeit weckt.

Ich glaube nicht, dass es ihm darum geht, sich bei ihr durchzubringen. Auf der Suche nach menschlichen Spuren durchstreift er die Zimmer.

Nach dem Frühstück suche ich mir irgendeine Aufgabe im Haushalt. Eine kleine Daseinsberechtigung. Ich gieße die Blumen, schaue im Kühlschrank nach abgelaufenen Lebensmitteln und ziehe sie aus dem Verkehr, ich befreie den Siffon von langen Haaren oder repariere ein defektes Gerät. Dann und wann putze ich auch ihre Schuhe. Jede Beziehung hat ihre Gesetzmäßigkeiten. Beim Stöbern halte ich die Sinne weit offen.

Ich stehe im Bad und rieche an einer neuen Creme.
Ich stehe in der Küche und probiere eine neue Marmelade.

Meine Augen schweifen über den Wandkalender im Flur. Wie für mich trägt sie darin alle Termine ein. Ich lese nach, wann und mit wem sie ins Kino geht, die Titel der Filme, wen sie zum Essen besucht, und auch über bald anstehende Urlaube bin ich stets informiert. Ihre Arbeitszeiten sind nicht vermerkt, aber die habe ich im Kopf. Gängige Bürozeiten. Früher Schluss gibt es nicht. Ihr Chef kooperiert prima.

Auf ihre Urlaube freuen sie und ich uns immer gemeinsam. Dies sind heilige Tage, während derer ich mich Tag und Nacht bei ihr einquartiere. Voller Vorfreude bin ich behilflich beim Packen. Ich stecke zusätzliche T-Shirts in die herumliegenden Koffer – lieber ein paar Socken zu viel, man weiß nie – tausche unsinnige Kleidungsstücke aus und denke an alle wichtigen Dinge, die sie ohne mich immer vergisst. Ich operiere im Untergrund. Was meine Hände berühren, netzen sie mit Liebe. In kleinen, unauffälligen Fuhren wasche ich sogar ihre Wäsche.

Ein kleines Problem ergibt sich dabei aus dem Umstand, dass alle Wäsche bis zu meinem Aufbruch getrocknet sein muss. Wie die Bleicher ihre Tücher auf der Wiese, breite ich die gewaschenen Stoffe in der gesamten Wohnung aus. Meistens genügen ein, zwei aufgedrehte Heizkörper und die Sonnenquadrate, die hier am Nachmittag durchs Fenster fallen, wenn ich ihnen Stück für Stück hinterher wandere. Fast immer lag noch alles pünktlich und trocken im Schrank. Zugegeben, manchmal hat es mich in letzter Minute noch einige panische Föhnaktionen gekostet, aber das war die Seltenheit.

Gegen Mittag bastele ich mir irgendein schnelles Mittagessen. Meistens Nudeln, davon gibt es immer reichlich im Haus. Wenn ich Glück habe, findet sich auch ein Rest Soße von gestern, den ich geschickt halbiere. Manchmal genehmige ich mir auch eine Konserve, Thunfisch oder so was. Ich nehme die Dose von ganz hinten. Konserven hat man nie so genau im Kopf. Ich esse auf ihrem Bett, sehe dabei fern oder blättere in einem Magazin für Frauen, das neben dem Bett herum lag.
 Alles Geschirr, das ich im Laufe des Tages benutze, wasche ich umgehend ab und räume es zurück in den Schrank. Diskretion ist der Dreh- und Angelpunkt unserer Beziehung.

Heimlich schüre ich das Feuer. Ich halte es am Brennen, auf kleinster, zartester Flamme, täglich lege ich frische Kohlen nach. Nicht viele, drei, vier Stück am Tag genügen. Vor den Wochenenden vielleicht etwas mehr. Ich halte den Rauch ab, denn das Feuer darf nicht entdeckt werden.

Manchmal fällt mir beim Aufräumen ein Schwung neuer Fotos zu. Seltsam angefasst betrachte ich ihr aktuelles Gesicht und ihren Körper, der fast immer in einer neuen Hülle steckt. Natürlich kenne ich die neuen Röcke und Blusen, oft genug lagen sie achtlos am Boden herum, die Röcke als Kreis, als sei sie ihnen gerade entstiegen. Wenn mir ein Foto gefällt, leihe ich die Negative und lasse mir Abzüge machen. Ich trage immer ein aktuelles Bild von ihr in der Brusttasche von meinem Hemd.

Die auf ihrem Nachttisch liegenden Bücher lesen wir immer gemeinsam. Ich lese bis dahin, wo sie den Bändel eingelegt hat, als Lesezeichen. Detektivisch versuche ich die Stellen herauszulesen, an denen sie gelacht hat, wo sie nachdenklich wurde, und was ihr nicht gefiel. Manchmal lese ich auch über den Bändel hinaus. Nicht aus Interesse, ich sondiere nur das Terrain. Ich sehe nach, ob es sich lohnt. Und wenn es belanglose Seiten sind, die ich ihr damit erspare, rücke ich den Bändel weiter nach vorn.

An manchen melancholischen Nachmittagen lese ich auch in den Liebesbriefen, die ich ihr damals geschrieben habe. Aus Angst, sie könnte die Briefe vielleicht wegwerfen, halte ich sie in einem Umschlag unter dem Schlafzimmerteppich versteckt. Aber die Briefe lese ich nur sehr selten. Meistens macht mich das nicht so glücklich.

Wenn ich möchte, kann ich sie an einem der kommenden Abende ins Kino begleiten. Die Termine habe ich ja. Vom dunklen Zuschauerraum geborgen, sitze ich auf dem Platz direkt hinter ihr. Ich starre auf ihren Hals, ihre Schultern, auf die von ihren Ohrläppchen getragenen Perlenstecker und auf die Spange in ihrem

Haar. Gleichmäßig atmet alles an ihr auf und ab, auf und ab. Und ich muss nichts dazu tun, es geschieht automatisch, dass wir bald einatmen und ausatmen im Takt.

Dann und wann nimmt sie sich einen Liebhaber. Das muss ich wohl hinnehmen. Es ist insofern geschickt, weil ich dann etwas zum Rasieren im Haus habe.

Die Liebhaber werden jeweils angekündigt durch eine plötzliche, fast panische Ordnung in allen Zimmern, die sich dann, in einer vom Bett ausgehenden Explosion, innerhalb weniger Tage in totale Unordnung kehrt.

Fast immer findet die Explosion ihr Ventil während eines Wochenendes, also dann, wenn ich für zwei Tage nicht in ihre Wohnung kann. Ich versuche es sachlich zu sehen. Nur wenn ich im Kalender den einen oder anderen Namen von früher zuordnen kann, gibt es mir einen Stich. Aber da kann man nichts machen. Ebenso plötzlich wie sie kommen, verschwinden die Liebhaber. Sie hat sich nie mehr fest an einen Mann gebunden. Wahrscheinlich kann sie das nicht. Sie hat ja mich.

Vielleicht denkt sie, dass sie mich längst vergessen hat. Aber ich bin sicher, dass sie noch oft von mir träumt. Wir teilen noch immer dieselbe Luft. Und mit jedem Tag habe ich meinen Geruch tiefer in ihre Decken geschlafen.

Gegen fünf wird es Zeit, ich ziehe mich an. Gleich kommt sie nach Hause. Ich liege noch einen Moment auf ihrem Bett und atme. Flach auf dem Bauch. Mein Gesicht der Matratze zugekehrt. Ohne es zu wollen, erhebe ich mich. Ich nehme ein Taschengeld aus der Sparbüchse im Flur. Ich suche so viele Münzen heraus, dass es wenigstens für zwei Biere reicht. Das ist nicht viel für eine Nacht, die lang sein wird, sehr lang. Mit prüfenden Blicken durchstreife ich noch einmal die Zimmer. Meine Anwesenheit hinterlässt keine erkennbaren Spuren. Während sich in meinem Inneren ein Schatten senkt, schließe ich von außen die Tür.

Manchmal sehe ich auf der Straße noch ihren Wagen, der mit leuchtenden Bremslichtern in die Tiefgarage einschert.

Robin Thiesmeyer
OHNE TITEL

An die Jacken erinnere ich mich. An die Jacken, die wir trugen. Die Jacken, die nicht mehr waren, als Jacken, die wir trugen und die sonst niemand trug. Als sie noch keinen Namen hatten, die Jacken, die uns auf Speichern und Flohmärkten fanden und von denen wir nicht wussten, woher sie kamen. In denen wir einen warmen Winter und einen kalten Sommer lang lebten, auf alten Fahrrädern durch die Stadt fuhren, oft mehr als einer pro Bike, und in denen wir billiges Bier aus Flaschen tranken, bevor wir Clubs betraten, in denen wir tanzten, in den Jacken, die wir trugen, weil wir bereit waren zu gehen. Erinnerst du dich, wie wir auf der Straße Zigaretten weitergaben. Als unser Atmen kondensierte. Als wir im feuchten Gras auf unseren Jacken saßen. Als wir sie in Ecken von Wohnungen stapelten, in denen laute Musik spielte und Rauch. Jacken, in deren Ärmel wir die Schals stopften, in Cafés, wo wir sie über die Lehnen legten, bevor wir Kaffee tranken. Erinnerst du dich an die Frisuren, die wir nicht kauften, sondern die aus unseren Jacken wuchsen. Erinnerst du dich an die Hosen, die zu den Jacken passten, die sich an den Fahrradsätteln zerschlissen, deren Beine sich in den Ketten und Speichen verhakten und rissen, wenn wir auf das Pflaster stürzten. Erinnerst du dich, wie wir Gras rauchten, bis wir vergaßen, dass wir einmal ohne diese Jacken gewesen waren und ohne die Jacken sein würden. Erinnerst du dich an die Zeit, als wir nicht wussten, dass wir Jacken trugen, die etwas bedeuten würden, dass wir sie eine Tages im Schrank sehen würden und uns erinnern. Dass eines Tages Futter herausquellen, dass sie gerissen, zu eng und vergessen sein würden, dass ich sie auf meinen Knien liegen haben würde, jetzt, wo ich zwischen den Kisten sitze. Und die Wärme des Schwarms, erinnerst du dich daran. Als wir nicht wissen wollten, wer wir sind, als wir wie Kameras durch die Stadt schwebten und sahen, wie wir die Arme in Ärmeln ausbreiteten, auf Wellen wartend im Glauben, dass es nie anders sein könnte, als so wie es war, ohne ein Aber, das sich querstellte, nur wir, die wir uns Namen gaben. Namen, die keine Geschichten hatten außerhalb der Geschichte, die sichtbar war. Als Sprünge Flüge waren und wir mit verschwommenem Blick Autos über die Trassen beleuchteter Stadtautobahnen lenkten. Als nichts mehr zählte als Lachen. Als wir betrunken waren, und nichts sagte, dass es anders sein würde als es sich anfühlte. Als es sich anfühlte, wie es war und wir sehen wollten, was es gab. Als wir das Gleiche sahen, nicht dachten, sondern im Schwarm lebten, auch in den Nächten, in denen wir miteinander schliefen. Als wir zwei wurden, in der Mitte des Schwarms. Halb gesungene Sätze, die wir im Schlaf und in Träumen und am Morgen noch wiederholten, weil sie uns an uns erinnerten. Wie wir mit zerzausten Haaren aufwachten und uns auslachten für Abdrücke und Speichel im Gesicht, weil wir wie Spiegel waren. Erinnerst du dich an die unscharfen oder verpixelten Bilder am Morgen. Als wir Spiegel waren und keine Pausen außer den Schlaf brauchten. Als wir das Geld teilten, das wir in Cafés und bei einmaligen Gelegenheiten, auf Messen oder hinter Theaterkulissen verdienten. Erinnerst du dich an die Menschen, die mit uns zogen, weil wir glänzten, uns folgten, weil sie auf der Suche waren und nicht verstanden, dass wir nichts fanden. Die uns verließen, nach ein paar Nächten, in denen sie bei uns schliefen. Wie das nacktes Mädchen, das wir nicht kannten, das Bad voll kotzte und schwitzend zu uns unter die Decke kroch. Erinnerst du dich an die Sonne in den dunklen Brillen, die unsere Gesichter verdeckten. Die Brillen, die Linsen unserer Objektive waren. Erinnerst dich an unsere Haare, die wir wie Inhaltsangaben unserer Köpfe in voller Fahrt aus dem Fenster hielten. Erinnerst du dich an den behinderten Bruder auf der Rückbank, der nicht heim wollte, der bei uns bleiben wollte, weil er erwachsen war und der die Brille behielt. Erinnerst du die Bilder, die wir hoch auflösend aufnahmen, von der Ebene der scharf definierten Dachlandschaft im Licht. Die Auflösung. Wie wir aufhörten zu verstehen, dass es anders sein könnte. Als wir uns auflösten, zeitweilig verschwanden, wenn wir tanzten in unseren Jacken, in den Sätzen, die wir uns zuriefen und drehten. Weißt du noch, wann das vorbei war. Erinnerst du dich daran, wie wir uns auflösten. An die Sätze und Wörter, die wir immer sorgsamer wählten, damit sie über unsere Köpfe wachten, wie Verse toter Poeten, dass wir dachten, dass alles lebte, auch wenn es nur zwischen zwei Gedanken existierte. Erinnerst du dich an den Kater. Den Kater, den wir schweratmend im Mondschein fanden, mit aufklaffender Flanke und freiliegendem Darm im Gras, das Hecheln und die kleinen spitzen Zähne. Den Kater, den wir in die Jacke wickelten und den Hang runter zum See trugen, bevor wir die Feier auf der Wiese erreicht hatten. Die Feier, bei der sich einer eine Fackel lieh, die er zum Bootsanleger im Schilf trug, während wir abwechselnd das Tier trugen und auf den Steg kletterten, dessen Tor unter Strom stand, dass wir unsere Hände mit den Jacken verbanden. Wie wir zwischen den Barken und kleinen Segelbooten standen. Erinnerst du dich daran, wie wir dem Kater ein Jenseits schenkten. Wie das Floß brannte, als es auf das Wasser fuhr. Die Laute für den Kater im Segel, die wir murmelten, statt Gebeten. Wie es loderte und im Dunkel verschwand. Wie wir wünschten, wir würden, fänden wir ein Ende, eines wie der Kater finden, den wir kaum kannten, der unser erster Toter war. Erinnerst du die Musik, zu der wir die Fackel zurückbrachten. Die Feuerspucker. Den alten Generator, der abseits im Wald brummte, den man beim Pissen hörte, der die Verstärker trieb, die Riffs der

Gitarre in Bäumen, den Bass und die Drums auf der Wiese, die benebelten Verbündeten, die tanzten. An die Musik, die ohne Gesang war, weil sie keinen brauchte und weil wir das Kabel für das Mikrophon nicht fanden. Wie wir tanzten. Wie einer Wüste sagte. Wie wir erschöpft in Schlafsäcken im Auto lagen und raunend redeten, bis uns die Worte im Mund trockneten. An die neun Stämme. Erinnerst du dich, wie einer sagte, es seien neun Weidenstämme, alle in gleicher Länge, zu dünnen Zylindern gesägt und gestutzt. Weißt du noch, wie wir sie in den Boden pflanzten, wie neun Zaunpfosten am Ufer, kaum glaubten, dass sie treiben würden, Wurzeln schlagen würden, lange Ruten bilden würden, zu Kopfweiden wachsen, mit ungezügelten und hängendem Haar leben würden, weil die Rinde lebt. Die Weiden, die wir auf den Wiesen am See ließen.

Erinnerst du dich, wie wir die Krägen hochstellten, weil der Winter kam. Wie drall unsere Jacken waren mit den Pullovern darunter, in denen wir aus verlassenen Fußgängerzonen die Weihnachtsbäume stahlen. Erinnerst du dich, wie David die Fassade unseres Hauses hochkletterte, als wir die Schlüssel vergessen hatten, weil jeder gedacht hatte, der andere hätte die Schlüssel mit dem weißen Band. Weißt du noch, was auf dem Band stand. Weißt du die Worte in den Schablonen noch, die wir aus den Plastiktafeln der Busfahrpläne geschnitten hatten, die wir auf Wände sprühten. Erinnerst du dich, wie wir uns duckten, hinter Hecken versteckten und unser Atem uns zu laut schien. Weißt du noch, wie wir Flugblätter verteilten, die keinen interessierten. Wie es niemanden interessierte, was passierte. Weißt du noch, wie kalt der Winter in unseren Jacken war. Wie sie uns nicht vor der Kälte schützten. Wie wir nicht still stehen wollten und doch mussten. Als wir krank in den Betten lagen, in unseren Jacken und froren, weil uns das Geld für die Kohle ausgegangen war, mit der wir den alten Ofen heizten. Wie wir die letzten Zigaretten rauchten, die uns den Rest gaben. Wie wir uns im Fieber schüttelten und schwitzten, mit brüchigen Stimmen uns versicherten, dass wir dort waren und glühten, nicht träumten. Wie wir träumten. Wie wir wieder aufstanden und Tee kochten. Wie wir Pläne schmiedeten, eine Bank zu überfallen, was wir nie taten. Erinnerst du dich an die Bombe, die wir nie bauten. Wie es uns wieder auf die Straßen trieb. Als wir die Tage auf den Frühling warteten, wir Knospen zählten und schwiegen bei tief stehender Sonne.

Wie wir weniger wurden. Erinnerst du dich, wie wir die Ersten an fremde Städte verloren und Weitere an fremde Kontinente, an Universitäten, an Träume vom Meer. Wie wir uns verabschiedeten ohne es zu können, und wir lieber versprachen, bis bald, uns zu schreiben und wiederzukommen. Wie wir sie an Berufe und Geld verloren. An Bands. An Frauen und Männer, die wir kaum oder gar nicht kannten. Wie die Ersten, die nicht schrieben, wieder kamen, in fremden Jacken, die Namen und Frisuren hatten, die uns nicht gefielen. Wie die Musik leiser wurde. Wie einige ihre Gitarren nahmen und für immer verschwanden. Erinnerst du dich, wie wir erfuhren, dass David gestorben war und wie niemand von uns ein Floß baute. Wie wir abseits am Friedhof standen und erst weinten, als wir zu Hause waren. Erinnerst du dich, wie es leer wurde. Wie wir übrig blieben, mit Löchern an den Ellenbogen. Wie wir zwei zwischen dem alten Putz an den Wänden saßen. Erinnerst du dich an die Blicke, die wir tauschten und nicht gehen wollten, weil wir glaubten, alles sei da, was wir bräuchten, wir seien genug, und dass, wenn wir gingen, nichts da wäre, wohin wir alle eines Tages zurückkehren könnten. Erinnerst du dich an die Stille. Die Stille zwischen den Wänden, in die eiserne Sätze fielen. Sätze, die zwischen uns auf dem Tisch lagen, um uns auf dem Boden, in den Schränken und unter Möbeln. Unsere Blicke zu den Fenstern. An den Klang im Raum. Wie wir die Schmerzen, die wir hatten, nicht verstanden, wir Wärme vermissten, obwohl die Tage länger wurden. Erinnerst du dich an die Worte, die wie Nadeln in den Händen steckten, als wir uns begannen zu fürchten. Furcht, die uns zornig machte, weil wir nicht wussten, was die Zukunft brachte. Wie wir im Zorn Sätze schmiedeten. Erinnerst du dich an die Schuld, die wir uns gaben, die Freiheit zurückforderten, die wir uns geschenkt und doch nur bei der Zukunft geliehen hatten. Erinnerst du dich, wie wir Wörter falsch werteten, aufwogen und härteten, in den langen Gesprächen, bei denen wir tranken, in die Nacht bis zum Schreien. Als wir die Wörter zu Lanzen schlugen, an denen wir uns gesogene Schwämme in die Hitze reichen wollten, mit denen wir uns die Haut aufschlitzten, auf die wir uns stützten und die uns schützten, wenn wir weinen wollten. Diese Sätze, deren einzelne Worte wir uns aus dem Leib zogen. Weißt du noch, wie wir Krankheiten, die wir uns ausdachten, wachsen hörten in unseren Köpfen und Körpern, die mit uns in Kleidern auf das Bett fielen, sich wie Säuglinge zusammenkrümmten und tagelang schlafen wollten, weil es endete.

Erinnerst du dich, wie wir mit einem Lächeln im Gesicht aufwachten, die Blicke voreinander auf Augenhöhe und ineinander verschränkt, wir uns Strähnen aus dem Gesicht strichen und die Lippen aufeinander pressten. Erinnerst du dich an die Küsse mit geschlossenen Lippen. Erinnerst du dich an die Wärme der Hände, die sich die letzten Dinge nahmen, die wir erinnern würden. Wie wir die Namen sagten, die wir uns gegeben hatten. Im Flur, als wir mit Tränen über die Wörter fielen, die tot dort lagen. Erinnerst du dich, an das schwere Gepäck, das wir die Treppen herab trugen. Wie sehr wir uns damit abmühten zu lächeln, etwas zurückzulassen und doch alles mitnahmen, in den Koffern unter Ausreden. Erinnerst du dich daran, wie viel es wog und wie sperrig es war auf der Reise bis hierhin, wo es sich im Keller stapelt, nachdem ich es mit durch die Städte nahm. Wie viel es in den Kisten, auf denen ich sitze, wiegt, als ich zur Kellertür hochblicke, wo Licht über die Stufen schlägt und ich mich erinnere, wie wir die Arme um uns legten und die Hände auf den Rücken. Erinnerst du dich, jetzt, wo du tot bist. Erinnerst du dich? Wie ich mit der Jacke auf den Knien auf Kisten sitze.

Dorle Trachternach
SCHWARZE HEIDE

Die Hände in den Jackentaschen hat er zu Fäusten geballt. Die Mütze sitzt hoch auf dem Kopf, die Ohren sind frei, aber um sie tiefer ins Gesicht zu ziehen bleibt keine Zeit. Kurz mit den Augen blinzeln. Der Wind macht es nicht leichter. Eine Träne rollt ihm rechts außen die Wange hinunter. In der Hosentasche brennt es, das Messer in der Tasche brennt. Sein Bruder hat gesagt, wenn es dunkel ist, dunkel in dir drin, denk an was Gutes. Also denkt er an das Boot. Weiß. Blau. Aber er hat schon so oft an das Boot gedacht in den letzten Wochen, dass das Weiß schon ganz verwischt ist (so darf das nicht sein).

Wenn dir einer zu nahe kommt, dann stech ihn an, hat der Bruder gesagt. Und jetzt ist ihm einer zu nahe gekommen. Jetzt ist einer von denen in die Schwarze Heide gekommen. Aus den Augenwinkeln hat er ihn gesehen, keine Zeit mehr, die Mütze tiefer ins Gesicht zu ziehen, weil es in der Hosentasche so brennt. Er weiß nicht, ob es wahr ist, was der Bruder gesagt hat, ob es wahr ist, dass sie ihn holen wollen, ob es wahr ist, dass sie die ganze Familie. Woher soll er das auch wissen, denn seitdem der Bruder weg ist, gibt es keine Ratschläge mehr, sondern nur noch die kaputte Gaspistole unter dem Bett. Er denkt an die Gaspistole, die ist auch was Gutes, irgendwie (und es gibt die Flasche neben dem Bett, mit der er gegen die Angst angeht). Er denkt an die Angst in den Augen des Vaters und die Härte in seiner Stimme, als er sprach, vor ein paar Wochen. Ein Bruder musste nach Osnabrück, musste weg von hier, und wenn er wiederkommt, soll er sich nicht mehr blicken lassen in der Schwarzen Heide.

Das Messer in der Tasche. Der andere steht neben dem Schaufenster, hat ihn nicht gesehen, wer achtet schon auf den kleinen Bruder. Der hat noch nicht mal einen Schülerausweis. Der ist keine Gefahr. Aber er weiß, dass sein Bruder gesagt hat, wenn du einen von denen siehst, dann stech ihn an, sonst holen die die Schwester. Und dann ist die weg. Dann wird die verkauft. Er weiß, dass das wahr ist, dass seine Schulkameraden ihre Schwestern in den Kellern verkaufen (das ist noch lange nicht Amerika). Aber auch er war im letzten Jahr in einem Keller, sie hat geweint und er das verrutschte Tuch über die Stuhllehne gehängt, er hat nicht gewusst, was er mit ihr. Als er wieder in den nassen Hausflur kam, saß sein Freund auf der ungefegten Treppe und klickte mit einem Feuerzeug. Sah ihn an, fragte, ob sie denn gut gewesen sei, die Schwester (auch wenn beide nicht wussten, was gut war, nur dass es eine Schande war, wenn die Schwester nicht gut war). Da hat er genickt und bezahlt. Auf den Boden gespuckt, eine Zigarette angezündet. Würde er diese Unsicherheit jetzt spüren, die Nervosität aus dem windigen Hausflur, er würde auf der Stelle umdrehen. Würde an dem Schaufenster vorbeigehen und die Fäuste in der Jackentasche entspannen, würde in den Kiosk an der Ecke, oder versuchen, an der Supermarktkasse nach den kleinen Flaschen zu greifen, wenn die Kassiererin nicht hinsieht. Würde im Bus sitzen aus der Schwarzen Heide heraus, in die Innenstadt. Die Flasche leer trinken und mit dem Butterfly die Sitze im Bus ritzen (und sich klein fühlen).

Aber er ist nicht unsicher. Er fühlt sich nicht klein. Etwas zu tun, was der Bruder nicht getan hat, nicht tun konnte, weil er weg musste. Die Last, nie wieder schwach sein zu können, lässt ihn da stehen und auf die andere Seite der Straße blicken, wo der Andere neben dem Schaufenster an der Ampel steht. Das Messer in seiner Tasche brennt, will raus in seine Hand und das ganze, das in ihm ist, seit sein Bruder glaubte, er könne die Mafia in der Schwarzen Heide ficken, die ganze Scham und das ganze Zeug will raus. Sitzt in seinem Nacken, kriecht den Rücken hinauf, setzt sich auf seinen Kopf. Im Hausflur war er unsicher, hat ihn der Bruder wieder in den Keller gebracht, hat er es hinter sich gebracht, auch wenn er noch keinen Schülerausweis hatte, und dann ist der Bruder verschwunden (was bleibt, ist die Gaspistole unter dem Bett). Warum musste er verschwinden, ist er schwach gewesen, dann wäre er sich jetzt nicht so sicher, einen anstechen zu müssen. Er denkt an das Schönste. Das Boot.

Immer, wenn es dunkel ist in ihm drin, denkt er an das Boot. Segeltour. Schon allein das Wort ist größer und schöner als er. Von Bord gegangen, auf den Markt gelaufen, vor dem Stand stehen geblieben, vor dem Stand mit den Waffen. Die Waffen. So kurz hat es nur gedauert dieses Mal. Dann ist das Boot weg, kein Weiß, kein Blau (höchstens Grau und ein paar Möwen auf der Reling). Auf dem Markt hat er drei japanische Schwerter und einen Dolch gekauft. Das ganze Taschengeld. Zu Hause hat er die Sachen unter sein Bett gelegt, zu den anderen Messern, der kaputten Gaspistole und dem Teleskopschlagstock, den er am Steintor gekauft hat. Zu dem Schlagring, den es für eine Schachtel Marlboro auf dem Schwarzmarkt gibt, da, wo Marlboro eine Währung ist.

Auf der Straße gegenüber vom Schaufenster werden seine Augen zu Schlitzen, seine Hände kalt und sein Kopf klar. Das Messer in seiner Tasche brennt so, dass er es anfassen muss, dass er es festhalten muss, dass es nicht von allein auf die andere Straßenseite fliegt, wenn es sein muss, musst du stechen, so die Worte seines Bruders. Obwohl er noch nicht einmal einen Schülerausweis hat, geht er mit dem Messer los. Die Fäuste in der Jacke entspannen sich, weil sie etwas zum Greifen haben (weil sie ein Messer haben, das sie greifen können).

Er denkt an das Boot. Und die Gaspistole des Bruders, die er ihm geschenkt hat, als er aus der Schwarzen Heide. Er denkt an die Schwester, die im Keller ist, er denkt an den Bruder, der verschwinden musste, an den Vater, der traurige Augen hat und sagt, der Alex, der ist nicht mehr hier.

Dorothee Kimmich / Philipp Ostrowicz
NEVER AGAIN. EIN NACHWORT

Als Kiran Nagarkar das Thema für den Würth-Literaturpreis 2009 bekannt gibt, steht er ganz unter dem Eindruck der Terroranschläge in seiner Heimat. Am Mittwoch, den 26.11.2008, um 21.15 Uhr Ortszeit in Bombay (16.45 Uhr in Tübingen) fallen die ersten Schüsse im Café Leopold. Nagarkar ist zur gleichen Zeit auf dem Weg in sein Hotel am Neckar in Tübingen. Er kommt von einem Gespräch mit Studenten anläßlich der Tübinger Poetik-Dozentur, bei dem es um die Gegensätze zwischen den Religionen, Fundamentalismus, Terrorismus und seine Romane gegangen war.

Nagarkar verfolgt die Geschehnisse in seinem Hotelzimmer über CNN. Nach und nach melden sich Journalisten großer deutscher Tageszeitungen, von Fernsehen und Radio – sie möchten eine Einschätzung desjenigen, der vielen nach der Veröffentlichung seines letzten Romans *Gottes kleiner Krieger*, der Geschichte über den jungen Mann Zia, der aus einer liberalen muslimischen Familie kommt und den Plan faßt, Salman Rushdie umzubringen, als, wie er selbst sagt, »Interpolexperte für Terrorismus und Extremismus« gilt.

Ruhelos gibt er zahlreiche Interviews. Es liegt Nagarkar fern, sich als Experte aufzuspielen, vielmehr geht es ihm um die Funktion von Kultur und Literatur in politischen Auseinandersetzungen. In seiner zweiten Vorlesung während der Tübinger Poetik-Dozentur hatte er über »Die Sprachenkonflikte in Indien: Animositäten und politisches Kalkül zwischen dem Englischen und den Regionalsprachen« gesprochen, über die Gegensätze zwischen den sogenannten Regionalsprachen und dem Englischen in Indien. »Wenn uns die Literatur am Herzen liegt, wie wir immer behaupten, dann müssen wir diesen absurden und absolut kontraproduktiven internen Streitereien ein Ende bereiten und unsere Kräfte dem Schreiben fesselnder Literatur widmen – ob es nun Erzählungen oder Dramen sind, oder es sich um Lyrik oder Sachliteratur handelt – und mit ihr verzaubern. Damit müssen wir unsere flüchtenden Leser in übertragenem Sinne am Schopfe packen und zum Wort und zum Buch zurückholen.«

Er weiß, wovon er spricht. Sein erstes Buch verfaßte er auf Marathi, was große Irritationen im indischen, vom Englischen dominierten Literaturbetrieb hervor rief. Genauso wurde er aber auch angefeindet, als er sein nächstes Buch auf Englisch schrieb: Von der anderen Seite nun wurde er als »Verräter« bezeichnet, der sich den Regeln des Marktes unterwerfe.

Kiran Nagarkar ist ein Wanderer zwischen den Kulturen und Sprachen geblieben. Das Thema des Würth-Preises spiegelt diese Erfahrungen wieder: »Never Again«, »Nie wieder«. Zur Erläuterung fügte Nagarkar hinzu. »The future of the world depends on how you look at the phrase *Never again*«. (Die Zukunft der Welt hängt davon ab, wie man den Ausspruch *Nie wieder* betrachtet. Übers. Hg.)

Die Vielzahl der eingesandten Texte (insgesamt über 650) zum Würth-Literaturpreis 2009 macht deutlich, wie virulent dieser Gedanke ist, die unterschiedlichen Themen der Texte zeigen aber auch, wie viele Bezüge dieser Ausspruch haben kann. Auch die vorliegende Anthologie spiegelt diese sehr verschiedenen Varianten wider. Den ersten Preis erhielt in diesem Jahr der von Monika Radl aus Berlin geschriebene Text »Nie wieder, Herr von Elo«. Radls Text berichtet in der Ich-Perspektive vom Leben einer Frau auf der Suche nach Nähe, die sie bei ihren wechselnden Liebhabern nicht finden kann. Die Protagonistin nimmt sich nach jedem Erlebnis vor, der Versuchung zu widerstehen, worin sie aber eben so oft scheitert. Die Jury würdigt Radls Arbeit mit ihren stilsicheren, detailgenauen Schilderungen als hervorragende Umsetzung des Preis-Themas. Ihr Text ist sprachlich außerordentlich gelungen und klar, läßt dabei Raum für eigene Assoziationen. Den zweiten Preis erhielt Hanna-Linn Havas Text »Sein Name war Jonas«. Dieser handelt vom Hass einer großen Schwester auf die kleine, um die sie sich, aus Mangel an Zeit bei ihrer Mutter, kümmern muß. Die Jury lobt den Text als überraschende Umsetzung des Themas Erbhass, deren besonders hohe Qualität aus seinem furiosen Ende resultiert.

Die weiteren zwölf Texte der Anthologie handeln von privaten, politischen, von spektakulären oder alltäglichen, moralischen oder auch ganz unmoralischen Formen des »Never Again«.

Die Auswahl der hier publizierten Beiträge traf die Jury des Würth-Literaturpreises, der ausschließlich Texte in anonymisierter Form – mit Kennwort und Kennziffer versehen – vorgelegt wurden. Der Würth-Literaturpreis wird jährlich, im Zusammenhang mit der Tübinger Poetik-Dozentur ausgeschrieben. Das Thema stellt der jeweilige Poetikdozent in seiner letzten Vorlesung. Zur Teilnahme aufgerufen sind jedoch nicht nur die unmittelbaren Hörer der Poetik-Dozentur, sondern alle Autorinnen/Autoren, die sich literarisch-produktiv mit diesem Thema auseinandersetzen wollen. Der Würth-Literaturpreis wurde zusammen mit der Tübinger Poetik-Dozentur 1996 von der Stiftung Würth gestiftet.

Die Mitglieder der Jury sind: Hans-Ulrich Grunder (Professor für Pädagogik, Fachhochschule Aargau); Dorothee Kimmich (Professorin für Neuere deutsche Literatur, Universität Tübingen); Manfred Papst (Leiter des Ressorts Kultur der NZZ am Sonntag, Zürich); Karl-Heinz Ott (Schriftsteller, Baden-Württemberg); Thomas Scheuffelen (Professor für Literaturwissenschaft, TU Darmstadt). Geleitet wird die Jury von Philipp Ostrowicz (Literaturwissenschaftler, University of Southern Denmark).

Die vorgelegten Beiträge erscheinen in der von den Autoren jeweils verwendeten Rechtschreibung.

Das Vorwort von Kiran Nagarkar wurden übersetzt von Marianne Wagner, M.A. Sie studierte nach dem Abschluss als staatlich geprüfte Übersetzerin Englische Literaturwissenschaft, Romanische Philologie und Deutsch als Fremdsprache in München. Mehrjährige Tätigkeit als Projektmanagerin in der internationalen Verlags- und Filmbranche. Seit 2003 freiberufliche Übersetzerin und Lektorin in Berlin; gerichtlich beeidigte Dolmetscherin für Englisch. Fachgebiete: Wirtschaft, IT, Marketing, Culinaria, Reisen, insbesondere jedoch geisteswissenschaftliche, journalistische und literarische Texte.

Biographien der
AUTORINNEN UND AUTOREN

WIEBKE EYMESS, geboren 1978 in Hannover, ist singende Autorin und diplomierte Fremdsprachenkorrespondentin. Als Sängerin der Swingband Pinkspots und mit dem Kabarett-Duo *Das Geld liegt auf der Fensterbank, Marie* ist sie auf deutschen Bühnen unterwegs und für zahlreiche Kleinkunstpreise nominiert.
Ihre Kurzgeschichten sind in diversen Anthologien und Literaturzeitschriften erschienen. 2006 ist sie auf Einladung der Robert-Bosch-Stiftung für Lesungen nach Sibirien gereist, 2005 war sie Preisträgerin des österreichischen Litarena-Literaturwettbewerbs und 2002 Stipendiatin des Landes Niedersachsen. Sie hat als Print- und Hörfunkjournalistin gearbeitet und ist freie Dozentin für Kabarett an der Universität Hildesheim.
www.wiebke-eymess.de

MARIANNE GLASSER, wurde 1968 in Röslau im Fichtelgebirge geboren, wo sie immer noch lebt. Nach dem Abitur hat sie in Germersheim, Nancy und Neapel Angewandte Sprach- und Kulturwissenschaften studiert. Danach neun Jahre Erziehung ihres geistig behinderten und autistischen Sohns und ihrer Tochter. Seit 2002 ist sie als Übersetzerin für mehrere Verlage tätig (Kunstgeschichte, Geografie, Reiseliteratur). Ebenfalls seit 2002 hat sie Lyrik und Kurzprosa in einigen Literaturzeitschriften und Anthologien veröffentlicht, u. a. Sinn und Form, lichtungen, entwürfe, Am Erker, außerdem zwei Lyrikbände (*Die Augen der Kartoffeln*, Edition YE 2004, *Landschaft mit Mond und Segel*, Silverhorse Edition 2009) und zwei Bücher über ihren Sohn (zuletzt: *Keine heile Welt*, Mabuse-Verlag 2009).

Hanna-Linn Hava , geb am 15.09.1978 in Stuttgart. Studium der Freien Malerei in Karlsruhe. Daneben entstanden seit der Kindheit viele Prosatexte und Lyrik. Die vorliegende Kurzgeschichte ist die erste Veröffentlichung. Hanna-Linn Hava lebt mit ihrem Sohn Daan und einem netten Mann in München.

Tina Klopp, geboren am 3.4.1976 in Hamburg, Studium Politikwissenschaft und Germanistik in Hamburg, Deutsche Journalistenschule, München. Journalistin und Autorin für Hörspiel und Feature u.a. für BR, NDR, SWR, schreibt u.a. für Konkret, Taz, Financial Times Deutschland, Zeit online, epd-medien. Letzte Veröffentlichung: *Mein Gelb ist dein Grün*, Hörspiel, Bayerischer Rundfunk 2008.

Roland Koch, geboren 1959, promovierte über Heimito von Doderer und lebt mit seiner Familie als freier Schriftsteller in Köln. Er veröffentlichte u.a. zahlreiche Kurzgeschichten, den Erzählband *Helle Nächte* (1995) sowie die Romane *Das braune Mädchen* (1998), *Paare* (2000), *Ins leise Zimmer* (2003) und *Ich dachte an die vielen Morde* (2009). 2002 gab er die Anthologie *Der wilde Osten. Neueste deutsche Literatur* heraus. Für sein Werk wurde er vielfach ausgezeichnet, u.a. mit dem Bettina-von-Arnim-Preis.

Koch schreibt für Rundfunk und Zeitungen, war Gastprofessor am Deutschen Literaturinstitut Leipzig und unterrichtete Kreatives Schreiben an den Universitäten Hildesheim und Siegen.
www.literaturport.de; www.nrw-literatur-im-netz.de

Bernd Hans Martens, 1944 in Hamburg geboren, als Ingenieur gearbeitet, davon zwei 2 Jahre in Großbritannien. Später ans Schreiben gekommen, erste Buchveröffentlichung: *Luftschloss aus Stein*, Roman, Bund Verlag, Köln 1988. *Land, das zum Meer gehört. Ein literarisches Logbuch über Menschen am Wattenmeer*, Verlag Die Werkstatt, Göttingen 1991. Hamburger Förderpreises für Literatur 1994. *Die Heringsbraut*, Roman, Rospo Verlag, Hamburg 1999. Kurzhörstücke im WDR. 2. Preisträger des MDR-Literaturwettbewerbs 2008.

AIKO ONKEN, geboren 1977 in Leer/Ostfriesland. Nach dem Abitur sechsmonatiger Arbeitsaufenthalt in London. Studium der Fächer Neuere deutsche Literatur und Anglistik/Amerikanistik an der Humboldt-Universität zu Berlin. Promotion mit einer Arbeit über Theodor Storm. Zurzeit tätig als freier Autor in Berlin. Im Juli 2006 Zweitplatzierter beim OpenNet-Literaturwettbewerb der Solothurner Literaturtage. 2008 Gewinner des Brigitte-Romanwettbewerbs mit dem Roman *Marie und er und ich*.

MONIKA RADL, wurde 1976 in Sulzbach-Rosenberg (Bayern) geboren, studierte Diplomschauspiel an der Hochschule für Musik und Theater Rostock und war anschließend 10 Jahre am Theater in Schwedt/Oder engagiert. 2007 nahm sie an der Autorenwerkstatt der Jürgen-Ponto-Stiftung in Edenkoben teil, 2008 erhielt sie ein viermonatiges Aufenthaltsstipendium im Künstlerdorf Schöppingen. Sie schreibt Theaterstücke, Märchen, Revuen und Songtexte im Auftrag für die Uckermärkischen Bühnen Schwedt und den Friedrichstadtpalast Berlin. Die Autorin erhielt unter anderem den Georg-Timber-Trattnig-Award der Stadt Klagenfurt, den Kulturförderpreis der Stadt Sulzbach-Rosenberg, den Publikumspreis der Kleistfesttage in Frankfurt/Oder. Prosa von Monika Radl wurde in den Literaturzeitschriften Federlesen, Sprache im technischen Zeitalter und Edit veröffentlicht.

Arne Rautenberg, geboren 1967, lebt als freier Schriftsteller und Künstler in seiner Geburtsstadt Kiel. Er schreibt Gedichte, Romane, Kurzgeschichten, Essays und arbeitet für verschiedene Feuilletons; sein literarisches Hauptbetätigungsfeld ist die Lyrik. Gedichte und Geschichten sind in mehreren Einzeltiteln erschienen. Zuletzt: *Der Sperrmüllkönig* (2002), *einblick in die erschaffung des rades* (2004), *vermeeren* (2007), *gebrochene naturen* (2009). Rautenberg arbeitet im bildkünstlerischen Bereich an Collagen und großflächigen Schriftinstallationen in Räumen, die in mehreren Ausstellungen im In- und Ausland gezeigt wurden. Seit 2006 ist er Lehrbeauftragter an der Muthesius-Kunsthochschule in Kiel.
 www.arnerautenberg.de

Ursula T. Rossel Escalante Sánchez, Kryptogeograph o.A., Dipl. Ing. Nutztierwissenschaften und Bibliothekar U.B. Geboren 1975 in Helvetien und 2006 in Katalonien. Wurde 2007 in einer Anderen Stadt initiiert. Basislager und Werkstatt befinden sich derzeit in Olten Hammer, am wichtigsten Bahnhof Europas. Literarisches Log *Notizen aus Kangerlussuaq*:
 http://jequetepeque.twoday.net

Steffen Roye, geboren 1972 in Wolfen, Abitur 1991, lebt heute in Dresden. Schreibt, fotografiert, geht sommers mit der Theatergruppe *Spielbrett* auf Planwagentour, aktuell mit und als »Macbeth«. Auszeichnungen: 1. Preis beim KulturHöhe Nidderau Literaturwettbewerb 2008, 3. Platz beim Literaturpreis Prenzlauer Berg 2007, 3. Platz beim Verstärker-Wettbewerb Risiko 2007, 5. Platz beim Sangerhäuser Literaturpreis 2008; Veröffentlichungen u. a. in *Am Erker* und *Macondo* sowie in Anthologien, zuletzt *Schau gen Horizont und lausche* (asphalt & anders, Hamburg).

STEFANIE SCHÜTZ, geboren 1968, wuchs auf in Tübingen und lebt heute als freie Autorin in Hamburg; sie schrieb zahlreiche Drehbücher für Spielfilm, Dokumentar, Kurzfilm und Zeichentrick, realisiert unter anderem von WDR und NDR, sowie den Produktionsfirmen Euro-Arts-Entertainment und Toons 'n Tales. Ihre Hörspiele waren zu hören im WDR, ORF, SR und bei Deutschland Radio Kultur. Für ihr Hörspielmanuskript »Potentielle Freunde« erhielt sie den Hamburger Förderpreis für Literatur 2005. Für die Textsammlung »Stadt im Schatten« erhielt sie das Literaturstipendium der Kunststiftung Baden-Württemberg 2007.

ROBIN THIESMEYER, wurde 1979 in Bonn geboren, studierte dort und in Hildesheim. Er lebt heute in Berlin. 2006 hat er an der Endrunde des Open Mike teilgenommen, 2008 am Klagenfurter Literaturkurs. Kurzgeschichten veröffentlichte er in verschieden Zeitschriften und Anthologien.

DORLE TRACHTERNACH, arbeitet an der Schnittstelle zwischen Text und Theater, als Autorin, Dramaturgin und Theaterpädagogin. Sie ist Absolventin des Studiengangs Kreatives Schreiben und Kulturjournalismus und lebt heute in Leipzig. Sie ist Stipendiatin u.a. des Klagenfurter Literaturkurses und veröffentlichte in Anthologien und Zeitschriften. Texte von ihr erschienen bei Pieper und Suhrkamp.